सुख की खोज

सुख की खोज

निर्यापक मुनिश्री वीर सागर जी
द्वारा
सफल जीवन के प्रैक्टिकल सूत्र

MANJUL
मंजुल पब्लिशिंग हाउस

MANJUL

मंजुल पब्लिशिंग हाउस

कॉरपोरेट एवं संपादकीय कार्यालय

• द्वितीय तल, उषा प्रीत कॉम्प्लेक्स, 42 मालवीय नगर, भोपाल-462 003

विक्रय एवं विपणन कार्यालय

• सी-16, सेक्टर 3, नोएडा, उत्तर प्रदेश, 201301

वेबसाइट : www.manjulindia.com

वितरण केन्द्र

अहमदाबाद, बेंगलुरू, कोच्चि, कोलकाता, चेन्नई,
हैदराबाद, मुम्बई, नई दिल्ली, पुणे

सुख की खोज

यह संस्करण 2026 में मंजुल पब्लिशिंग हाउस प्राइवेट लिमिटेड द्वारा प्रकाशित

यह हिन्दी संस्करण 2026 में पहली बार प्रकाशित

ISBN 978-93-7317-093-0

टाइपसेटिंग : डीजीअल्ट्राबुक्स प्रा. लि., नई दिल्ली

मुद्रण व जिल्दसाज़ी : रेप्रो इंडिया लिमिटेड

प्रस्तावना

आजकल हमारा जीवन इतना व्यस्त और तनावपूर्ण हो गया है कि हम अपने अस्तित्व को ही भूल बैठे हैं। हम अक्सर दूसरों की ज़िंदगी को देखकर अपने जीवन की दिशा तय करते हैं, बिना यह विचार किए कि हमें वास्तव में क्या चाहिए। हम जीवनभर दौड़ते रहते हैं, लेकिन सुख की खोज निरंतर जारी रहती है। हम जीवन में कुछ ऐसा करना चाहते हैं जो हमें संतुष्टि दे, लेकिन अक्सर दूसरों की अपेक्षाओं के दबाव में आकर हम अपनी असली पहचान खो बैठते हैं।

आज के समय में मानसिक बीमारियों के मामले तेजी से बढ़ रहे हैं। अधिकांश लोग तनाव, चिंता और अवसाद का शिकार हो रहे हैं। इसका मुख्य कारण यह है कि हम भौतिक सुखों को ही जीवन का अंतिम लक्ष्य मान बैठते हैं। क्या आपने कभी सोचा है कि जीवन का असली उद्देश्य क्या है? क्या धन, यश और सफलता ही जीवन के अंतिम लक्ष्य हैं?

हर व्यक्ति सुखी होना चाहता है, लेकिन जीवन भर की भटकन के बाद भी उसे यह नहीं समझ आता कि असली सुख है कहाँ? मन हमेशा यही सवाल करता है कि सुख कब और कहाँ मिलेगा? *सुख की खोज* इस उलझन को सुलझाने का एक प्रयास है। यह केवल एक पुस्तक ही नहीं, बल्कि आपके

जीवन के मार्गदर्शक के रूप में कार्य करेगी और आपको जीवन के सच्चे उद्देश्य को पहचानने में मदद करेगी। यह पुस्तक आपको सिखाएगी कि आप अपनी आंतरिक शांति कैसे प्राप्त कर सकते हैं और कैसे एक सार्थक जीवन जी सकते हैं।

युवा प्रणेता निर्यापक मुनि श्री 108 वीर सागर जी के पुणे प्रवास के दौरान गुरुदेव ने "सुख की खोज" प्रवचन शृंखला का प्रारंभ किया, जिसमें उनका उद्देश्य लोगों को सच्चे सुख के मार्ग पर चलने के लिए प्रेरित करना था। ये प्रवचन सभी के जीवन को एक नई दिशा देने वाले सिद्ध हुए और उन्होंने सभी श्रोताओं के हृदय पर गहरा प्रभाव छोड़ा।

इस पुस्तक में हमने उसी प्रवचन शृंखला के कुछ प्रवचनों का संकलन करने का प्रयास किया है। गुरु वाणी सूर्य के समान भ्रम रूपी अंधकार को नष्ट करने वाली होती है। गुरुदेव ने जीवन को सुन्दर और सुखी बनाने वाले महत्त्वपूर्ण सूत्रों को अपने गहन चिंतन से बहुत ही सरल शब्दों में हमारे समक्ष परोसा है जिसे हमने इस पुस्तक के द्वारा आपके समक्ष प्रस्तुत किया है। हमारा यह कार्य सूर्य को दीपक दिखाने की भांति ही है। क्योंकि गुरु के सागर रूप उस चिंतन को हमने मात्र कुछ ही शब्दों में इस पुस्तक में बांधा है। हमसे हुई किसी भी त्रुटि के लिए हम क्षमा प्रार्थी हैं।

इसी शृंखला में मुनिश्री द्वारा अन्य महत्त्वपूर्ण विषयों पर भी प्रवचन दिए गए हैं, जो गुरुदेव के भक्तों द्वारा चलाए जा रहे यूट्यूब चैनल (Muni Shri Veersagar Ji Ke Bhakt) पर उपलब्ध हैं। आप उन्हें नीचे दिए गए QR कोड को स्कैन करके सुन सकते हैं।

यह पुस्तक 5 खंड में विभाजित है।

पहला खंड — "सुख को समझें"

इस खंड में हम जीवन के उद्देश्य को गहराई से जानने का प्रयास करेंगे। आज हम जिसे सुख मान बैठे हैं, क्या वह वास्तविक सुख है? वास्तविक सुख कहाँ है और किन कारणों से हम उससे दूर होते जाते हैं—यह खंड हमें इन्हीं प्रश्नों का उत्तर देगा। यह हमें अपनी धारणाओं को नए दृष्टिकोण से परखने और जीवन की दिशा को सही रूप देने के लिए प्रेरित करेगा।

दूसरा खंड — "मनोविकारों को जीतें"

यह खंड हमारे भीतर छिपे अदृश्य शत्रुओं को पहचानने और उनसे मुक्त होने की राह दिखाता है। क्रोध, तृष्णा, भय, तनाव, ओवरथिंकिंग जैसी मनोवृत्तियाँ हमें अंदर से खोखला करती हैं और सुख को कैद कर लेती हैं। यहाँ दिए गए सूत्र हमें यह समझने में मदद करेंगे कि इन मानसिक जालों से निकलकर हम कैसे आंतरिक संतुलन और शांति प्राप्त कर सकते हैं। यह खंड आत्मबल को मजबूत बनाने की व्यवहारिक राह है।

तीसरा खंड — "निडर मन से मज़बूत जीवन बनाएँ"

जीवन का सबसे बड़ा बोझ बाहरी परिस्थितियाँ नहीं, बल्कि मन का बोझ होता है। इस खंड में हम जानेंगे कि भय और तनाव केवल मन की रचनाएँ हैं, और उनसे ऊपर उठना संभव है। यह हमें साहस, आत्मविश्वास और मानसिक दृढ़ता प्रदान करता है। यह खंड आपको यह विश्वास दिलाएगा है कि परिस्थितियों से अधिक शक्तिशाली आपका अपना मन है।

चौथा खंड — "जीवन विकास के सूत्र"

यह खंड आत्म-विकास और जीवन को सँवारने के लिए आवश्यक सूत्र प्रस्तुत करता है। इस खंड में समझेंगे कि कैसे आत्म-प्रेम, सामंजस्य, विनम्रता,

सकारात्मक सोच, आत्मविश्लेषण और आभार जैसे मूल्य जीवन को एक नई दिशा देते हैं। यह खंड हमें स्वयं को संवारने, अपने सपनों को साकार करने और रिश्तों को और अधिक गहराई से जीने की प्रेरणा देता है।

पाँचवाँ खंड — "संभावनाओं का खज़ाना—आप"

यह खंड हमें हमारे भीतर की गहराइयों तक ले जाता है। माइंडफुलनेस, कम्फर्ट ज़ोन से बाहर निकलने का साहस, आकर्षण का सिद्धांत और अपनी शक्ति की पहचान जैसे विषय इसमें सम्मिलित हैं। यह खंड हमें यह एहसास कराता है कि सबसे बड़ा खज़ाना बाहर नहीं, बल्कि हमारे भीतर छिपा है। जब हम अपनी क्षमताओं को पहचानते और विकसित करते हैं, तब जीवन में अर्थ और संतोष दोनों मिलते हैं।

जैन शास्त्रों में बताया जाता है कि हम जो भी चाहते हैं, जैसा हम अपने जीवन को बनाना चाहते हैं, वैसा ही हम बार-बार सोचें, उसी के बारे में बात करें, उसकी धारणा बनाएँ। इसलिए प्रत्येक अध्याय के अंत में हमने आपके लिए कुछ सकारात्मक सुझाव (Affirmations) लिखे हैं, जिन्हें आप अपने जीवन के नए सत्य के रूप में अपना सकते हैं। जीवन के जिस क्षेत्र में आप बदलाव चाहते हैं उससे संबंधित सुझावों को आप वहाँ लिखकर लगा सकते हैं जहाँ आपका ध्यान दिन में कई बार उन पर जा सके अथवा आप उन्हें सुबह-शाम दोहरा सकते हैं जिससे आपका मस्तिष्क धीरे-धीरे उन्हें सच रूप में स्वीकारने लगेगा और आपका जीवन उसी अनुरूप बनता जाएगा।

यह पुस्तक आपके जीवन में एक रोमांचक यात्रा की शुरुआत होगी। आपके भीतर छिपी शक्ति को जागृत करने में यह पुस्तक एक कुंजी है। यह न सिर्फ आपको ज्ञान देगी, बल्कि आपको जीवन में एक नई उम्मीद और उत्साह भी देगी। यदि आप सही मायने में इस पुस्तक को जीवन में उतारेंगे तो इसमें कोई संदेह नहीं कि यह आपके जीवन में एक नया मोड़ अवश्य लाएगी।

गुरु भक्त टीम

गुरुदेव के जीवन का संक्षिप्त परिचय

गुरुदेव का जन्म 31 मई 1973 को नागपुर नगर में हुआ था। उन्होंने B.Tech. (Chemical), MBA (Finance), CFA (ICFAI), PGDCA जैसी उच्च लौकिक शिक्षा प्राप्त की और एक सफल करियर भी बनाया। वे एक आकर्षक व्यक्तित्व के धनी हैं। युवावस्था में उन्होंने 1 करोड़ का सालाना पैकेज छोड़कर वर्ष 2004 में वैराग्य का मार्ग अपनाया। यह दर्शाता है कि उन्होंने सांसारिक जीवन के सभी आयामों को गहराई से समझा है।

वे एक महान आध्यात्मिक गुरु, कुशल मनोचिकित्सक और युवाओं के '*हृदय सम्राट*' हैं- जो उनकी भाषा में संवाद करते हैं, उनकी सोच को समझते हैं, और उन्हें आत्मविकास की व्यवहारिक दिशा प्रदान करते हैं। गुरुदेव की प्रवचन शैली प्रैक्टिकल सूत्रों पर आधारित होती है, जिससे युवाओं को सटीक और सरल रूप में मार्गदर्शन मिलता है।

गुरुदेव का संकल्प है — "प्रैक्टिकल धर्म को जन-जन तक पहुँचाना" — और इसी उद्देश्य को वे अपनी सशक्त वाणी, तपश्चर्या और लोकहितकारी दृष्टिकोण से साकार कर रहे हैं। गुरुदेव की शिक्षा यह सिखाती है कि आधुनिकता और अध्यात्म दो अलग रास्ते नहीं, बल्कि एक ही यात्रा के दो पहलू हैं — जहाँ आधुनिकता हमें आगे बढ़ना सिखाती है, वहीं अध्यात्म हमें भीतर टिके रहना सिखाता है। उनकी यही *प्रैक्टिकल स्पिरिचुअलिटी* सिखाती है कि सच्चा विकास तभी संभव है जब बाहरी प्रगति के साथ-साथ

भीतर की शांति भी बनी रहे। वे जीवन को केवल सिद्धांतों तक सीमित नहीं रखते, बल्कि उसे व्यावहारिक धरातल पर उतारने की प्रेरणा भी देते हैं।

गुरुदेव का जीवन आज के युवाओं के लिए एक जीवंत प्रेरणा है। उन्होंने अपने जीवन से यह सिखाया कि **सफलता का असली अर्थ केवल उपलब्धियाँ नहीं**, बल्कि स्वयं को पहचानना, अपने उद्देश्य को स्पष्ट करना और उसी के अनुरूप जीवन जीना है। गुरुदेव के सानिध्य में विभिन्न वर्गों के लोगों के लिए समय-समय पर प्रैक्टिकल वर्कशॉप का आयोजन किया जाता है, जिनका उद्देश्य लोगों के मानसिक स्वास्थ्य और जीवन की गुणवत्ता में सुधार लाना होता है।

गुरुदेव का व्यक्तित्व गहन ज्ञान, सरलता और करुणा का अद्भुत संगम है। उनकी वाणी आत्मा को झकझोरती है और उनके विचार जीवन की दिशा को बदलने की शक्ति रखते हैं। वे जहाँ भी जाते हैं, वहाँ वातावरण सकारात्मक ऊर्जा और शांति से भर जाता है। अनेक लोग उनके सान्निध्य में आकर अपनी उलझनों से मुक्त हुए हैं और उन्होंने जीवन का नया अर्थ पाया है। गुरुदेव आज की पीढ़ी के लिए केवल एक आध्यात्मिक गुरु ही नहीं, बल्कि एक सच्चे जीवन-निर्माता, प्रेरणा के स्रोत और पथ-प्रदर्शक हैं।

अनुक्रमणिका

खंड 1

सुख को समझें

1

क्या है हमारे जीवन का उद्देश्य?

मानव जीवन अनमोल है और यह हमारा सौभाग्य है कि हमें मनुष्य के रूप में जन्म मिला है। हमारे पास असीम क्षमताएँ और संभावनाएँ हैं और इन्हीं के आधार पर हम अपने जीवन का उद्देश्य तय करते हैं। कुछ व्यक्ति ऐसे होते हैं जो बहुत ही सावधानी के साथ अपने लक्ष्य का निर्धारण करते हैं और लगातार उसे प्राप्त करने की कोशिश करते हैं लेकिन अधिकांश व्यक्ति भीड़ के साथ ही चलते हैं।

आजकल हम सभी ने अपने मन को कुछ ऐसा बना लिया है कि जो लहर चल रही हो, हम उसके पीछे चल पड़ते हैं। हम यह समझ ही नहीं पाते कि हम स्वयं क्या चाहते हैं? अब व्यवसाय की ही बात करें तो हम जीवन में बनना कुछ और चाहते थे पर बन कुछ और गए। आज धनवान होना भी सफलता का एक बड़ा पैमाना माना जाता है। भले ही हमने खूब धन कमाया हो और आज भी कमा रहे हों लेकिन मन में एक बेचैनी सी रहती है कि अपने मन का नहीं कर पाए। हमें पता ही नहीं चलता कि हमारी रुचि आखिर है क्या और इसी उलझन में हम जीवन का बहुत सा समय बिता देते हैं।

बचपन से लेकर युवावस्था तक हम इसी दौड़ का हिस्सा बने रहते हैं और फिर एक समय ऐसा आता है जब हम गंभीर होकर अपने लक्ष्य पर विचार करना शुरू करते हैं। 40-45 की उम्र में विचार मंथन का एक दौर शुरू होता है जिसे

आजकल 'मिडलाइफ क्राइसिस' का नाम दिया जाता है। उस समय व्यक्ति को एहसास होता है कि वह करना तो कुछ और चाहता था परंतु कर कुछ और रहा है। दूसरों को देखकर वह उनके पीछे तो हो लिया लेकिन संतुष्ट नहीं हो पाया।

यह सही है कि धन मूलभूत आवश्यकता है लेकिन उससे संतुष्टि नहीं मिल सकती। संतुष्टि के लिए खुशी जरूरी है। कई लोग तर्क देते हैं कि हमारे जीवन का उद्देश्य है पढ़ लिख कर अच्छी नौकरी पाना, शादी करके घर बसाना (कुछ लोग वह भी नहीं करते आजकल)। परिपक्व उम्र के एक मोड़ पर हम सोचते हैं कि हम अपने बच्चों के लिए जी रहे हैं, उनके लिए सुख-सुविधाएँ जुटा रहे हैं, उन्हें इस लायक बना रहे हैं कि वे अपने पांवों पर खड़े हो सकें।

जरा विचार कीजिए इसमें क्या खास बात है? एक सूअर भी अपने जीवनकाल में 40 बच्चों को जन्म देता है और पालता है। न वह हिंसा करता है, न किसी का अहित करता है, फिर भी वह जीवन का उच्चतम लक्ष्य प्राप्त नहीं करता। यदि हम भी केवल जीवन की आवश्यकताओं तक सीमित रह जाएँ, तो मनुष्य होने का क्या विशेष लाभ? सच्चाई यही है कि कर्तव्य की आड़ लेकर हम उन उद्देश्यों के प्रति अपनी जवाबदेही से नहीं बच सकते जिनका चुनाव हमें करना चाहिए।

एक व्यक्ति, जो एक प्रतिष्ठित कंपनी का सीईओ रह चुका था, अपने करियर में ऊँचाइयों को छू चुका था, समाज उसे आदर्श मानता था, और जो भी उसे देखता, उसी की तरह बनने की इच्छा रखता था। परंतु जब वह गुरुदेव के सानिध्य में पहुँचा, तो आचार्य भगवन ने उससे एक सरल प्रश्न पूछा, "आपके जीवन का उद्देश्य क्या है?"

वह व्यक्ति कुछ क्षणों तक गहरी सोच में डूबा रहा, लेकिन कोई उत्तर नहीं दे सका। तब आचार्य भगवन ने मुस्कुराते हुए पूछा, "क्या यह प्रश्न कठिन लग रहा है?"

उस व्यक्ति ने निराशा के साथ उत्तर दिया, "हाँ, यह बहुत कठिन प्रश्न है, क्योंकि मैंने कभी सोचा ही नहीं कि मैं जो कुछ कर रहा हूँ, वह किसके लिए कर रहा हूँ? मैं क्यों जी रहा हूँ? मेरे जीवन का वास्तविक उद्देश्य क्या है?"

ज़रा विचार कीजिए – जिसे पूरी दुनिया एक प्रेरणा और सफलता के प्रतीक के रूप में देखती थी, वह स्वयं अपने अस्तित्व को लेकर भ्रमित और असमंजस की स्थिति में था। इस सच्ची घटना से यह एहसास होता है कि कभी-कभी अपार सफलता और उपलब्धियाँ हासिल करने के बावजूद हम अपने जीवन के वास्तविक उद्देश्य से अनजान रह जाते हैं।

जब हमारे पास विवेक है, ज्ञान है, सामर्थ्य है तो फिर जीवन का कोई बेहतर उद्देश्य भी होना चाहिए। समाज में रहते हुए, परिवार के साथ रहते हुए, हुनर और शिक्षा का उपयोग करते हुए यदि हम वही कर रहे हैं जो चलन में है तो फिर इसमें खास बात क्या है? जानवर पढ़े-लिखे नहीं होते, स्कूल नहीं जाते पर फिर भी वे प्रकृति के नियम नहीं तोड़ते और बच्चे भी पाल ही लेते हैं, उनसे कुछ अलग और बेहतर तो हम कर सकते हैं क्योंकि हमारी क्षमताएँ ज्यादा हैं। हमें भगवान ने वह 'मानव रूप' दिया है जो विरलों को ही मिलता है।

एक सत्य घटना है—रेलवे ट्रैक पर 300 भेड़ें एक साथ कुचली गईं। जांच के बाद पता चला कि रात के अंधेरे में सबसे आगे वाली भेड़ ट्रैक पर जाकर सो गई थी। उसके पीछे वाली भेड़ें भी बिना कुछ सोचे-समझे लाइन से रेल की पटरी पर सो गईं। उन्होंने अपना दिमाग जरा भी नहीं लगाया और जब ट्रेन आई तो सबको एक साथ कुचलते हुए निकल गई। ऐसी ही स्थिति कुछ हमारी है। ऐसे ही हम भी उम्र भर भेड़चाल में चलते रहते हैं और जीवन के अंत तक पता ही नहीं चल पाता कि आखिर हम जी क्यों रहे थे। अगर हम दुनिया के साथ बहाव में बहेंगे तो हमें भी वही प्राप्त होगा जो दुनिया को मिल रहा है, वह कैसे मिलेगा जो हम चाहते हैं? बहाव के विपरीत बहने से जरूर हम मनचाहा लक्ष्य पा सकते हैं लेकिन वह लक्ष्य क्या हो, यह भी सोचना जरूरी है।

जीवन में दो सबसे महत्त्वपूर्ण प्रश्न होते हैं—क्या और क्यों? कोई भी कार्य करने से पहले हम स्वयं से प्रश्न करें कि हम यह क्यों कर रहे हैं। ऐसा व्यक्ति कभी गलत दिशा में कदम नहीं बढ़ा सकता। आपने शतरंज खेली हो तो आप समझ जाएँगे कि अगर सही ढंग से चला जाए तो प्यादा भी वजीर बन

जाता है। प्यादे की अपनी सीमाएँ होती हैं, इसके बावजूद वह मनचाहा प्राप्त कर लेता है क्योंकि वह एक उद्देश्य को लेकर चलता है।

हम जीवन में जो कुछ भी पाना चाहते हैं वह सिर्फ हमारे सोचने के तरीके पर निर्भर करता है। अपने उद्देश्य को पाने के लिए हमें अपनी सोच को सकारात्मक बनाना होगा। हम खुद को जैसे देखेंगे वैसे हो जाएँगे और हमारे उद्देश्य भी वैसे ही हो जाएँगे। उद्देश्य चाहे छोटा हो या बड़ा, बिल्कुल स्पष्ट होना चाहिए। उद्देश्य ऐसा होना चाहिए कि उसे पाकर हमारा जीवन सार्थक हो जाए और मन को सच्ची खुशी मिल जाए, सुख मिल जाए। आगे हम इसी सुख के सच्चे निहितार्थ को समझने की कोशिश करेंगे, जिसकी हम उम्र भर तलाश करते हैं।

आइए एक अभ्यास करें (ईमानदारी से दें जवाब)

1. जीवन में आप बचपन से क्या करना चाहते थे?
2. क्या आज आप अपनी पसंद का कार्य कर रहे हैं?
3. आपकी प्राथमिकता पैसा है या मन की खुशी या दोनों?
4. आपके अनुसार किसी कार्य को करने के लिए अपनाया जाने वाला रास्ता ज्यादा महत्त्वपूर्ण है या मंजिल या दोनों?
5. जीवन की सार्थकता किसमें है?

मैं अपने जीवन का सही उद्देश्य खोजने के लिए संकल्पित होता हूँ।
मेरी इस खोज में ब्रह्माण्ड मेरे साथ है।
मैं बदलने और आगे बढ़ने के लिए तैयार हूँ।
मेरे भीतर असीम क्षमताएँ मौजूद हैं।
अब मैं अपनी क्षमताओं को उद्घाटित करने की यात्रा पर अग्रसर होता हूँ।

2

जिसे हम सुख मान रहे हैं, क्या वह सुख है?

हर व्यक्ति जीवन में सुख प्राप्त करना चाहता है, ऐसा सुख जो उससे कभी दूर ना हो। सबके लिए सुख की परिभाषा अलग-अलग है। कुछ लोग जो चाहते हैं उसे उम्र भर नहीं प्राप्त कर पाते, तो उन्हें लगता है कि वे दुखी हैं। पर कुछ ऐसे लोग भी है जिन्हें मनचाहा प्राप्त हो जाता है फिर भी वे सुखी नहीं हो पाते, क्योंकि उसी पल एक नई इच्छा जन्म ले लेती है और फिर उसे पूरा करने के लिए दौड़ शुरू हो जाती है। जीवन की विभिन्न अवस्थाओं में सुख के अर्थ अलग-अलग होते हैं लेकिन यदि मनचाहा पाकर भी सुख ना मिले तो इसे हम क्या कहेंगे? इसका अर्थ यही हुआ कि हम सही तरीके से समझ ही नहीं पाए हैं कि आखिर सुख है क्या?

एक बच्चा खिलौने से खेलकर खुश होना चाहता है। जैसे-जैसे वह बड़ा होता है, परीक्षा में अच्छे अंक लाकर खुशी पाना चाहता है। फिर युवावस्था में वह अच्छी नौकरी चाहता है, उसका सपना होता है कि एक अच्छी पत्नी और बच्चे उसे मिलें या परिवार का साथ मिले, फिर अधेड़ अवस्था में वह समाज में एक अच्छा स्टेटस पाना चाहता है, फिर वृद्ध अवस्था में वह अपने बच्चों से मान और समय चाहता है, लेकिन आप किसी से भी पूछ लीजिए, कोई भी

यह नहीं कहता कि वह सुखी है। सब यही कहते हैं कि एक लक्ष्य को पाते ही दूसरे लक्ष्य को पाने की इच्छा बलवती हो जाती है और फिर वह एक अंतहीन दौड़ का हिस्सा बन जाता है।

सुख चाहे हम स्वाद में खोजें या कोई सुन्दर वस्तु देखने में, किसी को छूकर हम सुख महसूस करना चाहें या अपना मनपसंद काम करने में . . . यह सब कुछ करके भी सुख मुट्ठी से रेत की तरफ फिसल ही जाता है।

अभी हम यही मानने में हमने सुख को समझ ही नहीं पाए हैं। सुख के संबंध में अगर हम मनोवैज्ञानिक दृष्टि से विचार करें तो इसे मन की चार अवस्थाओं के माध्यम से समझ सकते हैं :

1. अचेतन अक्षमता (Unconscious Incompetence)
2. सचेतन अक्षमता (Conscious Incompetence)
3. सचेतन क्षमता (Conscious Competence)
4. अचेतन क्षमता (Unconscious Competence)

अचेतन अक्षमता वह अवस्था है जब व्यक्ति को यह नहीं पता कि उसे क्या नहीं पता; यानी पूर्ण अज्ञानता। इसे हम एक तीन-चार साल की छोटी बच्ची के उदाहरण से समझ सकते हैं। जैसे बच्ची यह जानती ही नहीं है कि भोजन बनाना क्या होता है। यानी 'अवचेतन के समझने की अयोग्य स्थिति' में सुख होता क्या है, हम यह ही नहीं जानते।

सचेतन अक्षमता वह अवस्था है जब व्यक्ति जानता है कि उसे क्या नहीं पता। जैसे थोड़ा बड़ी होने पर बच्ची अब समझने लगी है कि माँ रोटी बनाती है लेकिन मुझे रोटी बनानी नहीं आती। यानी अब हमें समझ आ रहा है कि हमारा जीवन सुखी नहीं है।

सचेतन क्षमता वह अवस्था है जब व्यक्ति कुछ नया सीखने के लिए प्रयास प्रारंभ कर दे। ठीक वैसे ही जैसे बड़ी होने पर बच्ची थोड़ा-थोड़ा खाना बनाने लगी है। यानि हम भी सुख को समझकर सही राह पर बढ़ने की कोशिश करने लगते हैं।

अचेतन क्षमता वह अवस्था है जब व्यक्ति दूसरे कार्य करते हुए भी किसी कार्य को करने में निपुण हो जाता है। ठीक वैसे ही जैसे बच्ची कुछ समय बाद खाना बनाने में निपुण हो जाती है। बिना किसी विशेष प्रयास के ही वह किसी से बात करते हुए अथवा गुनगुनाते हुए भी खाना बना लेती है। यानी पूर्ण सुखी हो जाना, सुख सदा के लिए हमारे स्वभाव का हिस्सा बन जाए।

हम स्वयं देखें कि हम अभी कौन सी अवस्था में हैं? पहली अवस्था उन लोगों की है जिन्होंने इस विषय में कभी सोचा ही नहीं। दूसरी अवस्था उनकी है जो लोग सुखी होना चाहते हैं पर उन्हें समझ नहीं आ रहा कि सुख मिलेगा कैसे? वह सुख पाने के लिए हर संभव प्रयास करते हैं, जीवन भर दौड़ते हैं, अपना लक्ष्य भी बनाते हैं पर फिर भी उन्हें सुख नहीं मिल पाता।

हर व्यक्ति प्रायः 4 जगह सुख खोजता है :

पहला निर्जीव वस्तुओं में--जैसे रुपया, घर, जेवर, गैजेट, विलासिता के साधन और स्वादिष्ट भोजन जैसी निर्जीव वस्तुओं में हम सुख खोजते हैं।
दूसरा, जीवित लोगों में;
तीसरा, हमारे अपने शरीर में
और चौथा, मन में उठने वाली भावनाओं में।

हम जीवन भर इसलिए दुखी रहते हैं क्योंकि हम सभी सुख वहाँ खोज रहे हैं जहाँ वो है ही नहीं। उम्र के विभिन्न पड़ावों में रिश्तों के प्रति हमारी प्राथमिकताएँ बदलती रहती हैं। कभी माता-पिता, कभी भाई-बहन, कभी पति-पत्नी, कभी संतान, कभी मित्र हमारे लिए सुख का स्रोत बन जाते हैं। परन्तु यह सभी रिश्ते हमसे एक दिन दूर होने वाले हैं। तो जो सुख हमने उनके माध्यम से ढूँढ़ा था, वह उनके दूर होने पर समाप्त हो जाएगा। इसी तरह जब हम एक-एक रुपया जोड़कर अपनी पसंदीदा गाड़ी खरीदते हैं तो खुश होते हैं लेकिन जब वह पुरानी हो जाती है या नए मॉडल मार्केट में आते हैं तो फिर एक दूसरी बेहतर

गाड़ी खरीदने की आकुलता हमें घेर लेती है। हम अपने शरीर में सुख खोजते हैं परन्तु एक समय के बाद वह भी वृद्ध अवस्था को प्राप्त हो जाता है अथवा बीमार पड़ जाता है। मन में उठने वाले प्रसन्न भावों में सुख खोजते हैं परन्तु एक समय के बाद वह भाव भी बदल जाते हैं। यानी आज हम जिस भी माध्यम से सुख खोज रहे हैं, वह सब हमसे दूर होने वाले हैं, छूट जाने वाले हैं। एक समय के बाद वही वस्तु हमें सुख का अहसास नहीं देगी तो फिर हम इसे सच्चा सुख कैसे कह सकते हैं?

एक सुबह एक बुढ़िया अपनी कुटिया के बाहर आंगन में कुछ खोज रही थी। बुढ़िया को देखकर एक व्यक्ति ने पूछा,"क्या खोज रही हो अम्मा?" बुढ़िया ने कहा,"मेरी सुई गुम हो गई है।" उस व्यक्ति ने अम्मा की मदद करने के इरादे से पूछा,"कहाँ गुम हुई थी?" बुढ़िया ने बताया,"वह झोपड़ी के अंदर गुम हुई थी।" उस व्यक्ति को बहुत आश्चर्य हुआ। उसने कहा, "तो फिर झोपड़ी के अंदर ही खोजो ना... बाहर क्यों खोज रही हो?" बुढ़िया ने बहुत ही मासूमियत से जवाब दिया, "मैं अंदर खोज रही थी लेकिन किसी ने आकर कहा कि अंधेरे में सुई नहीं मिलेगी, उजाले में खोजो। इसीलिए मैं बाहर उजाले में खोजने लगी क्योंकि झोपड़ी में तो अंधेरा है।" सच्चाई यह है कि बूढ़ी अम्मा को सुई बाहर कभी नहीं मिलेगी क्योंकि सुई वहाँ है ही नहीं। कुछ ऐसी ही स्थिति हमारी है। जन्म से लेकर मरण तक व्यक्ति दौड़ रहा है, किसके लिए? सुख को पाने के लिए, पर फिर भी किसी को स्थाई सुख नहीं मिल रहा, तो यह समझने की कोशिश करें कि सुख इसलिए नहीं मिल रहा क्योंकि हम गलत जगह उसे ढूँढ़ रहे हैं।

आइए एक अभ्यास करें (ईमानदारी से दें जवाब)

1. किससे आपको सबसे अधिक खुशी की अनुभूति मिलती है?
2. आप अक्सर सुकून महसूस करते हैं या बेचैनी?
3. कौन सी खुशी सबसे लंबे समय तक आपके पास ठहरी थी?

***

मैं समझ गया हूँ कि मेरा सुख बाहरी वस्तुओं और व्यक्तियों में नहीं है।
अब मैं बाहर की ओर अपनी दौड़ को शांत करता हूँ।
मैं अपने भीतर खुशी महसूस करता हूँ।
मैं अपने सुन्दर जीवन के लिए आभारी हूँ।
मैं हर दिन बेहतर हो रहा हूँ।

***

3

सुखाभास क्या है?

अभी तक हमने समझा कि सुख को पाने की हमारी जो दौड़ है, वह हमेशा बाहर की ओर ही रहती है। सभी लोग प्रायः अपनी आवश्यकताओं की पूर्ति अथवा सुविधाओं में वृद्धि को सुख मान बैठते हैं। जब हमारी इच्छा पूरी होती है तो उसमें हमें सुख का अनुभव होता है। इससे हमें थोड़ी देर के लिए शांति मिलती है लेकिन कुछ समय बाद हम फिर से व्याकुल होते हैं और सुख के लिए इधर-उधर दौड़ने लगते हैं। यदि हमें सुख की परिभाषा को सही तरीके से समझना है और सुख पाना है तो हमें अपनी सोच और नजरिया बदलने की जरूरत है।

हमें लगता है कि जिन चीजों को पाकर हमें अच्छा महसूस हो रहा है, वह हमें सुख दे रही हैं। अगर वस्तु में ही सुख है तो फिर मनपसंद वस्तु को प्राप्त करने के बाद भी स्थाई सुख क्यों नहीं मिलता? क्यों हम जीवन भर विभिन्न वस्तुओं के पीछे दौड़ते रहते हैं?

आइए समझते हैं।

हम अपनी मनपसंद आइस क्रीम कई दिन बाद खाते हैं, तो हमें अच्छा महसूस होता है। जब हम उसका पहला निवाला अपने मुंह में रखते हैं तो उस क्षण हम कैसा महसूस करते हैं? क्या दूसरे और तीसरे निवाले के बाद भी हमें वैसी ही अनुभूति होती है जैसी पहला निवाला मुंह में रखने के बाद हुई थी? आइस क्रीम के हर निवाले को खाने के बाद वह आनंद घटता जाता है। यदि

हम एक कप आइस क्रीम खाने के बाद दूसरा कप आइस क्रीम खाएँगे तो हम महसूस करेंगे कि हमें दूसरे कप में वैसा आनंद नहीं मिल रहा जो पहले कप में मिल रहा था। अच्छा मान लीजिए हमने मन भरकर चार कप आइस क्रीम खा ली, अब अगर कोई हमें हमारी इच्छा के विरुद्ध चार कप आइस क्रीम और खिलाना चाहे, तो क्या फिर भी हमें वह आइस क्रीम सुख का अनुभव देगी? नहीं, तो फिर हम कैसे कह सकते हैं कि आइस क्रीम में सुख है? यदि आइस क्रीम में ही सुख होता तो ये अनुभूतियाँ अलग-अलग नहीं होतीं बल्कि हमें हर निवाले में और हर कप में एक सा सुख प्राप्त होता क्योंकि आइस क्रीम तो बाद में भी वही है जो पहले थी।

भीषण गर्मी में जब हमें बहुत तेज़ प्यास लगती है, तो पानी पीने पर वह वेदना कुछ ही समय के लिए शांत होती है; कुछ समय के बाद पुनः उठती है। तो बताइए कि उस पानी ने मात्र कुछ समय के लिए आपकी वेदना को शांत किया या स्थाई सुख दिया? इसका अर्थ है कि जिसे हम अभी सुख समझ रहे हैं, वह सुख नहीं बल्कि **तात्कालिक वेदना का प्रतिकार है।**

मान लीजिए हमें 104 डिग्री बुखार हो और दवाई लेने पर वह घटकर 100 डिग्री पर पहुँच जाए तो हमें अच्छा महसूस होगा। तो इसे हम क्या कहेंगे? हमें सुख मिला या हमारा रोग कम हुआ?

इसे एक कहानी के माध्यम से समझते हैं। फ्रांस में एक राजा था जो खाने का बहुत शौकीन था और तरह-तरह के पकवान बड़े आनंद से खाता था। जब उसका पूरा पेट भर जाता था तो वह मुंह में उंगली या कोई चीज डालकर उल्टी कर देता था। फिर जब उल्टी करने के बाद उसका पेट खाली हो जाता था तो वह फिर से अपने पसंदीदा पकवान खाने लगता था। उसका यही सिलसिला लगातार चलता रहता था। वह ऐसा इसलिए करता था क्योंकि उसके अनुसार भिन्न-भिन्न स्वादिष्ट व्यंजनों को ग्रहण करने में उसे सुख मिलता था। उसकी भी सभी की तरह यही धारणा थी कि जिस वस्तु में सुख का अनुभव हो रहा है, उसे पाना ही सच्चे सुख को पाना है। आपके अनुसार क्या उसने अपने सच्चे सुख को पा लिया था?

समझने की कोशिश कीजिए कि आखिर हो क्या रहा है? पहले हमारे भीतर कुछ न कुछ पीड़ा उत्पन्न हो रही है या कुछ इच्छा उत्पन्न हो रही है और जब हम उसका प्रतिकार करते हैं या उसे पूरा करते हैं, तो हमें अच्छा महसूस होता है, पर वह सुख की अनुभूति केवल कुछ क्षण के लिए ही होती है। वेदना शांत होते ही अथवा इच्छा की पूर्ति होते ही वह अनुभूति समाप्त हो जाती है और फिर हमारे भीतर एक नई इच्छा पैदा हो जाती है और हमारा मन फिर आकुल हो रहता है उस नई इच्छा की पूर्ति करने के लिए अथवा एक नई वेदना को कम करने के लिए। हम फिर अपनी उस नई इच्छा को पूरी करने की दौड़ के लिए तैयार हो जाते हैं। इसके बाद फिर एक और इच्छा, और फिर एक और... इसी प्रकार दौड़ते-दौड़ते आपका जीवन समाप्त हो जाता है, पर जीवन से इच्छाएँ समाप्त नहीं होती।

जिसे हम सुख समझते हैं, वास्तव में उसे सुख नहीं, सुख का आभास- "सुखाभास" कहते है क्योंकि यह क्षणिक है, कुछ क्षण के बाद छूटने वाला है इसलिए यह एक भ्रम है, माया है, सपना है। सपना भी एक समय के बाद टूट जाता है और यह क्षणिक सुख भी एक समय के बाद छूट जाता है।

गर्मी के समय में जब हम लॉन्ग ड्राइव के लिए जाते हैं तो हमें सड़क पर बहुत दूर जल दिखता है लेकिन जैसे ही हम ड्राइव करके वहाँ तक पहुँचते हैं तो हम देखते हैं कि यहाँ तो जल है ही नहीं। वस्तुओं में सुख खोजना ठीक उस मृग मरीचिका के पीछे भागने जैसा है; हमें दूर से तो लगता है कि हम सुख पाने वाले हैं लेकिन जैसे ही हम उस तक पहुँच जाते हैं तो हमें महसूस होता है कि यहाँ तो सुख है ही नहीं। कुत्ता हड्डी को चबाता है तो उसे लगता है कि इसमें से रस निकल रहा है पर कुछ देर बाद जब उसके मुख से खून आने लगता है तो उसे एहसास होता है कि रस हड्डी में नहीं था अपितु यह रस तो उसके स्वयं के मुख से ही आ रहा था।

समय निकालकर लिस्ट बनाएँ

1. कौन-कौन-सी जड़ वस्तुएँ हैं जो हमें सुख अथवा दुःख देती हैं?
2. क्या जो इच्छाएँ आपकी बचपन में थीं, आज भी वही इच्छाएँ आपके मन में है या उम्र के साथ आपकी इच्छाएँ बदल गई हैं?
3. अपनी इच्छाओं की लिस्ट बनाएँ और अपने आप से प्रश्न करें कि हम क्या पाने के लिए पूरा जीवन निकाल रहे हैं?
4. क्या कभी कोई वस्तु या उपलब्धि पाकर आपने यह महसूस किया है कि आप सदा के लिए सुखी हो गए?
5. कौन से रिश्ते हैं जिनसे हमें सुख का अनुभव होता है, और किससे हमें दुख मिलता है?
6. आपका शरीर हमें कब-कब सुख देता है और कब-कब दुख देता है?

मैं स्वयं को असीम इच्छाओं के बोझ से मुक्त करता हूँ।
मैं यह बात जान गया हूँ कि मेरा सुख इन क्षणिक इच्छाओं से परे है।
मैं बाहरी वस्तुओं की चाह को छोड़कर अपने सच्चे लक्ष्य की प्राप्ति की ओर अग्रसर होता हूँ।
मैं सुख को अपने भीतर महसूस करता हूँ।
मेरा जीवन सुन्दर और सरल है।

4
आखिर सुख है कहाँ?

हम यह तो समझ गए हैं कि जब भी हम बाहर में सुख खोजेंगे तो वह हमेशा अस्थाई होगा, कभी स्थाई सुख नहीं मिलेगा परंतु प्रश्न यह है कि फिर सच्चा सुख है कहाँ? इसे समझने के लिए स्वयं से पूछिए कि वेदना को शांत करके अथवा प्रिय वस्तु को पाकर जो सुख और आनंद के भाव पैदा हुए थे, वह हमारे भीतर पैदा हुए थे या वस्तु में? आपको उत्तर मिलेगा कि वह भाव आपके ही भीतर पैदा हुए थे। जब-जब आप किसी दूसरे व्यक्ति में सुख ढूँढ़ते हैं या उनके माध्यम से अपनी इच्छाओं को तृप्त करना चाहते हैं, तो महसूस करें कि वह तृप्ति आपको स्वयं में ही होती है। जैसे थर्मामीटर से हम अपने शरीर का तापमान देखते हैं। तापमान हमारे शरीर में ही होता है, न कि थर्मामीटर में। थर्मामीटर सिर्फ एक माध्यम है, उस तापमान को नापने का। इसी प्रकार वस्तु में सुख नहीं है, वह एक माध्यम है हमें सुख का आभास कराने का। सच्चा सुख तो हमारे भीतर ही है।

आचार्य गुरुदेव ने एक बहुत सुन्दर दोहा लिखा है :

पर में सुख कुछ है नहीं, निज ही सुख की खान।
निज नाभि में गंध है, मृग ढूँढ़े भ्रम माहि॥

अर्थात हम सुख को 'पर' अर्थात 'दूसरे' में ढूँढ़ते हैं, परन्तु सुख तो हमारे ही भीतर है। ठीक वैसे ही जैसे हिरण कस्तूरी की सुगंध से प्रभावित होकर इधर-

उधर दौड़ता फिरता है लेकिन वह जानता ही नहीं है कि यह कस्तूरी की गंध तो उसी की नाभि में मौजूद है।

व्यक्ति जीवन भर स्वयं से बाहर ही सुख खोजता है, इच्छाओं की पूर्ति को, अथवा 'पर' वस्तु अथवा व्यक्ति में सुख मानता है। एक इच्छा पूरी होने पर कुछ समय वह सुख का आभास करता है, पर फिर दूसरी इच्छा को पूरी करने के लिए आकुलता से भर उठता है। मन में उठने वाली आकुलता ही दुःख है। अग्नि में ईंधन डालते चले जाओगे तो वह और बढ़ती चली जाएगी; इसी प्रकार तृष्णा रूपी अग्नि में आप कुछ भी डालते जाएँगे तो वह और बढ़ती चली जाएगी।

हमें यह समझना चाहिए कि सुख किसी लक्ष्य को, किसी वस्तु अथवा व्यक्ति को प्राप्त करने पर कभी नहीं मिल सकता। अगर हम किसी बाहरी वस्तु अथवा व्यक्ति को पाना सुख समझते हैं तो वह सुख नहीं सिर्फ हमारी बेचैनी को कम करने की कोशिश मात्र है। सच्चा सुख 'कुछ' पाने की आकुलता से ऊपर उठने पर मिलता है ना कि किसी वस्तु अथवा व्यक्ति के मिलने या उसे बांधकर रखने पर।

जो सही सुख का खोजी होता है, वह 'पर' की ओर दृष्टि नहीं करेगा, स्वयं की ओर दृष्टि करेगा। जब व्यक्ति अपने भीतर की सारी आकुलताओं को जीत लेता है, तब निराकुलता प्रकट होती है और वही सच्चा सुख है। क्योंकि आकुलता में व्यक्ति कभी भी सहज नहीं रहता, अपने आप में नहीं रहता और सुख हमेशा अपने में रहने से मिलता है। सोचिए कि क्या निराकुलता पुत्र से मिल सकती है? क्या मन की शांति दो करोड़ के पैकेज से अथवा सोने-चांदी से अथवा अच्छे बंगले में रहने से मिल सकती है?

आज हम जीवन में सहज नहीं हो पा रहे हैं, यही दुख है। हमें अपने आप को संतुष्ट करने के लिए कुछ बाहरी चाहिए, यही दुख है। अपनी भूख-प्यास, खाने-पीने और रहने के लिए हम पराश्रित हैं, यही दुख है। सुख तो वह है जो सही मायने में अपना होता है, फिर कभी किसी के सामने हाथ नहीं फैलाना पड़ता। जो हाथ फैलाता है, वह तो गुलाम कहलाता है। गुलाम कभी सुखी नहीं

होते। जो अपनी पीड़ा को शांत करने के लिए दूसरों को देख रहा है, बाहरी वस्तुओं की ओर देख रहा है, उससे बड़ा दुखी कौन होगा।

आज हर व्यक्ति मानसिक रूप से बीमार है। जिस वातावरण में, परिस्थिति में वो रह रहा है, वह उसे स्वीकार नहीं कर पा रहा है। सुख पूर्ण मानसिक स्वस्थता की दशा है। पूर्ण स्वस्थ रहना मतलब मानसिक रूप से शांत रहना, हर हाल में चिंता से रहित रहना। जिस परिस्थिति में हम रह रहे हैं, उसे हम स्वीकार लें और उसके अनुसार ढलना सीख लें तो हम सुख को प्राप्त कर लेंगे। हमारा सुख किसी बाहरी वस्तु, व्यक्ति अथवा परिस्थिति पर आधारित न हो। क्योंकि जो-जो हमें दुनिया में मिलता है वह सब एक समय के बाद नष्ट होने वाला है, हमसे दूर होने वाला है, चाहे वह कोई व्यक्ति हो, वस्तु हो अथवा कोई परिस्थिति हो। असली सुख वह है जो कभी नष्ट न हो, कभी हमसे दूर न हो, एक बार मिलने पर सदा के लिए हमारा हो।

ज़रा सोचिए, आपके अनुसार कौनसी स्थिति बेहतर है; जहाँ वेदना पैदा होने के बाद उसे शांत किया जा रहा हो अथवा एक ऐसी स्थिति जहाँ वेदना पैदा ही न हो? जहाँ आप जीवन भर भिन्न-भिन्न वस्तुओं अथवा व्यक्तियों से क्षणिक सुखाभास पाने के लिए दौड़ते रहें अथवा वह अवस्था जहाँ आपको अपने भीतर ही ऐसा सुख मिल जाए जो अब सदा के लिए आपका ही है? सोचिए और विचार कीजिए कि आप अपने लिए कौनसा विकल्प चुनना पसंद करेंगे?

मैं समझ गया हूँ कि मेरा सुख मेरे ही भीतर है।
मैं अपने भीतर सुख और शांति महसूस करता हूँ।
मेरा मन स्थिर और शांत हो रहा है।
मैं हर दिन बेहतर हो रहा हूँ।
मैं जीवन में सकारात्मक बदलाव को स्वीकारता हूँ।

5
सुख की राह में बाधक कारण

दो शब्द हैं : खोज और आविष्कार। जब कुछ नया सृजन होता है, उसे आविष्कार कहते हैं और जब ऐसा कुछ ढूँढ़ा जाता है जो पहले से मौजूद है लेकिन हमें पता नहीं था, तो उसे खोज कहते हैं। हमें समझना चाहिए कि हमें सुख का आविष्कार नहीं करना है, सुख हमारे भीतर ही मौजूद है। हमारे स्वभाव की ही कुछ कमियाँ हैं जिन्हें हमें दूर करना है ताकि हम अपने ही भीतर छिपे हुए सुख को प्राप्त कर सकें। बिलकुल वैसे ही जैसे जब हमें जमीन से पानी निकालना होता है तो हमें उसमें बाधक मिट्टी और पत्थरों को हटाना होता है और भीतर मौजूद पानी प्रकट हो जाता है।

वह पत्थर कौन से हैं जो हमारे सुख को प्रकट नहीं होने दे रहे? अपने किए हुए कर्मों की बात करें, तो कर्म दिखते नहीं हैं। अभी जो दुःख के कारण दिखते हैं, हम उन्हें हटा सकते हैं। हमारे भीतर दुख पैदा करने वाले कई मनोविकार अभी मौजूद हैं, जो हमारी सुख प्राप्ति की राह में बाधक बनते हैं। ये मनोविकार हैं -क्रोध, अहंकार, अधीरता, बेचैनी, ज़िद, हीन भावना, ईर्ष्या, असहिष्णुता, वासना, डर, मोह, चिंता, अवसाद, लालच, नकारात्मकता, अति महत्त्वाकांक्षा, वस्तुओं के प्रति अति आसक्ति का भाव, असीमित इच्छाएँ एवं हमारे मन के अन्य दुर्भाव जो हम महसूस कर सकते हैं। यानी दुःख के मूल कारण हमारे भीतर ही हैं। अपने भीतर मौजूद सुख को प्राप्त करने के लिए हमें इन्हें ख़त्म करते जाना है।

कभी-कभी हम यह सोचते हैं कि हमारे जीवन में तो बहुत कम दुर्भाव हैं अथवा हम कभी-कभी ही तो क्रोध करते हैं, इससे क्या नुकसान होगा? जैसे रूई से भरी एक खदान में अगर एक जलती हुई माचिस की तीली आ जाए तो वह छोटी-सी तीली भी उस पूरी खदान को राख में बदलने की क्षमता रखती है। दूध से भरी बाल्टी में नीम्बू के रस की कुछ बूँदें भी यदि गिर जाएँ तो वह उस पूरे दूध को विकृत कर देती हैं, ऐसे ही जीवन में मात्र एक दुर्भाव भी यदि है तो वह भी हमारे पतन की पूरी क्षमता रखता है।

चलने से ज्यादा महत्त्वपूर्ण है सही दिशा में आगे बढ़ना और जब हम ऐसा नहीं कर पाते तो मंजिल से दूर होना स्वाभाविक है। सही दिशा में हम अगर चींटी की चाल से भी चल रहे हों तो हमारी निरंतरता हमें लक्ष्य तक पहुँचा देगी लेकिन गलत दिशा में हम खरगोश की तेजी से भी दौड़ रहे हैं तो भी कभी लक्ष्य तक नहीं पहुँच पाएँगे।

आगे की इस यात्रा में हम अपने दुःख के सभी कारणों को समझेंगे, जीवन जीने की कला सीखेंगे, जीवन के चौराहे पर सही दिशा का चुनाव करना सीखेंगे, हमें कुछ सूत्र भी मिलेंगे जो मुश्किलों से लड़ने में हमारे लिए सहायक सिद्ध होंगे। हमें एक-एक करके अपने दुर्भावों को बाहर निकालते जाना है, जीवन में सुगंधी को भरना है और एक-एक सीढ़ी को चढ़ते हुए स्वयं को सुख के और निकट पहुँचाते जाना है।

मैं सुख प्राप्त करने के योग्य हूँ।
मैं जीवन को सकारात्मक दिशा में बदलने के लिए तैयार हूँ।
मैं अपने लिए सद्भावों को चुनता हूँ।
मेरा जीवन हर दिन बेहतर हो रहा है।
मैं इस दिव्य ज्ञान के लिए आभारी हूँ।

खंड -2

मनोविकारों को जीतें

6
अपने भीतरी शत्रु को पहचानें

इस यात्रा में हम अपने शत्रु को पहचानने की कला सीखेंगे क्योंकि उसे नष्ट करने के लिए उसकी पहचान होना जरूरी है। कुआँ खोदते समय बाधक मिटटी और पत्थर आँखों से दिखते हैं परन्तु हमारे भीतरी शत्रु रूप बाधाएँ आँखों से दिखती नहीं है बल्कि इन्हें हम महसूस करते हैं। ये हमारी आँखों का विषय नहीं बल्कि हमारे अनुभव का विषय हैं। शत्रु अगर नजर आ जाए तो लड़ना फिर भी आसान है पर अदृश्य शत्रुओं से लड़ना बहुत मुश्किल है। जैसे देश की सीमा के उस पार रहने वाले शत्रुओं को हम जानते हैं, पहचानते हैं तो हमारी सेना उनसे मुकाबला भी कर लेती है पर उन शत्रुओं का क्या करें जो नागरिक बनकर हमारे बीच ही रहते हैं और भीतर से घात करते रहते हैं। जो शत्रु हमारे मित्र बनकर साथ रहते हैं उनकी पहचान करना बहुत ही मुश्किल होता है।

ऐसे ही भावों के साथ भी है। एक वह भाव होते हैं जो हमें शत्रु की भांति दिखते हैं क्योंकि वह हमें दुख पहुँचाते हैं। उनसे बचना कथंचित सरल है क्योंकि हमें पता है यह हमें दुख पहुँचाने वाले भाव हैं जैसे इर्ष्या, क्रोध, अहंकार, हीन भावना आदि। परंतु कुछ भाव ऐसे होते हैं जो हमें भीतर से तो दुखी बनाते हैं पर ऊपर से हमें प्रिय लगते हैं। हम पता ही नहीं लगा पाते कि वह हमें सुख दे रहे हैं अथवा दुख। जैसे मोह एक ऐसा भाव है जो हमें अच्छा

महसूस कराता है। हमारे भीतर मित्र बनकर साथ है परंतु सच तो यह है कि वह हमें अंतरंग से दुखी बनाता है। ज़रा एकांत में सोचिए, हमारा रिश्तों के प्रति जो अटैचमेंट है वह हमें भीतर से दुखी बनाता है या सुखी?

मन में प्रश्न उठता है कि अपनों से मोह तो अच्छा लगता है, हमें सुख देता है फिर यह कैसे मान लें कि मोह हमारा शत्रु है? मान लीजिए हमने न्यूज सुनी कि एक दुर्घटना में ब्रिज गिरने से 15 लोग गंभीर रूप से घायल हो गए। हमें यह सुनकर कोई विशेष फ़र्क नहीं पड़ेगा। पर अगर यह पता लगे कि उनमें कोई हमारे परिवार से है तो क्या हम तब भी अप्रभावित रह पाएँगे? हम व्याकुल हो उठेंगे। दुःख इसलिए हुआ क्योंकि हमें अपने परिवारजन से मोह है। अगर वह हमारा नहीं होता तो वह खबर हमें दुःख नहीं देती। बेटा व्यसनी निकल जाए, कुछ कमाए न, और आपका कमाया धन भी व्यसनों में उड़ा दे, बुढ़ापे में आपका ध्यान न रखे, तो वह मोह दुःख का कारण बनता है। दूसरे का बेटा गलत हो तो दुःख नहीं होगा, दुःख इसलिए होता है कि हमें अपने बेटे से जुड़ाव है। यही जुड़ाव दुःख का कारण है।

जब सरकार को यह पता चलता है कि नागरिकों के बीच कोई आतंकवादी रह रहा है, और वो पहचानने में आ जाए, तो सरकार का व्यवहार उसके साथ कैसा होता है, हम सभी जानते हैं। यदि हमें समझ जाए कि जिस मोह को हम मित्र समझ रहे थे वह वास्तविकता में हमारा शत्रु है तो हमारा व्यवहार उस मोह के साथ कैसा होना चाहिए? सरकार उस आतंकवादी को मृत्यु दंड देती है। आप मोह को कौन सा दंड देंगे? सच तो यह है कि जिसके साथ रहने की हमें आदत पड़ जाती है, हम उसको शत्रु स्वीकारना ही नहीं चाहते। हम मोह की भावना में रहने के इतने आदि हो गए हैं कि अब उसे शत्रु रूप में स्वीकारने से डरते हैं।

एक रोचक कहानी के माध्यम से समझते हैं। एक गाँव में एक चोर का आतंक फैला हुआ था। बरसों से चोरी का यह सिलसिला चल रहा था। राजा ने यह आज्ञा दी कि किसी भी हालत में उस चोर को पकड़ कर सामने लाया जाए। आखिरकार सिपाहियों ने बहुत मुश्किल से उस चोर को पकड़ ही लिया।

राजा ने उसकी गर्दन अलग करने का आदेश दिया लेकिन यह क्या? गर्दन अलग होते ही वह फिर उसके धड़ पर जा लगती थी। कई बार उसकी गर्दन को अलग किया गया लेकिन जादूगर फिर जीवित हो जाता था। छानबीन के बाद पता चला कि उसने अपने प्राणों को एक तोते में कैद किया हुआ था। फिर जब सैनिकों ने उसके तोते को पकड़कर सजा दी तो जादूगर भी मर गया। आपको क्या लगता है, क्या ऐसा संभव है? क्या कोई अपने प्राण किसी और में कैद कर सकता है?

हाँ, यह संभव है। आज हम सभी के प्राण हमारे भीतर नहीं है, कहीं और बसे हुए हैं। उस जादूगर ने तो अपने प्राणों को एक जीवित तोते में रखा था, पर हमने तो निर्जीव वस्तुओं में भी रखा हुआ है। उसने एक ही जगह रखे थे पर हमने तो कई जगहों पर, कई हिस्सों में बांट रखे हैं। बेटे में, बेटी में, पति में, पत्नी में, प्रॉपर्टी में, पैसे में, सोना-चांदी में, शेयर मार्केट में अथवा कहाँ-कहाँ, कितनी जगह हमने अपने प्राणों को कैद किया हुआ है, विचार कीजिए।

प्राणों को दूसरी जगह रखने का अर्थ है, वह गहरा जुड़ाव का भाव। तीव्र मोह के कारण हम अपनी हर खुशी और गम को उससे जोड़ लेते हैं; वह खुश तो हम खुश, वह दुखी तो हम दुखी। हमारे हर सुख-दुःख के भाव उनसे जुड़े हुए होते हैं। मोह चाहे वस्तुओं के प्रति हो या व्यक्ति के प्रति, दोनों ही तरह के मोह खतरनाक हैं।

यहाँ अब प्रश्न है कि यह मोह होता क्यों है? आखिर हम क्यों किसी को पकड़ लेते हैं और अपने आप में नहीं रहते? हम जोड़ने और जुड़ने की प्रवृत्ति क्यों रखते हैं? क्या यह व्यक्ति का स्वभाव है या इसके पीछे कोई कारण है?

सच्चाई यह है कि इस आसक्ति का कारण हमारा उस व्यक्ति अथवा वस्तु से प्रेम का भाव उतना प्रमुख नहीं है, अपितु हमें अपनी सुविधाओं के छूटने का डर रहता है। समझने की कोशिश करें कि हम रिश्तों में जिस प्रेम की बात करते हैं वो सही मायने में क्या है? एक पत्नी को अपने पति से लगाव नहीं है, बल्कि उसके द्वारा मिल रहीं सुविधाओं के कारण उससे लगाव है। ज़रा सोचिए कि अगर पति खर्च के पैसे पत्नी को न दे, हर समय कुछ न कुछ कार्य करने की

अपेक्षा रखे, हर कार्य में कमी निकाले, कहीं बाहर घुमाने न लेकर जाए, कुल मिलाकर कहें कि वह कोई सुविधा पत्नी को नहीं दे, तो क्या तब भी पत्नी उससे प्रेम करेगी? पत्नी अगर पति को भोजन बनाकर न खिलाए, उसकी ज़रूरतों का ध्यान न रखे, दिनभर लड़ाई का कोई न कोई बहाना ढूँढ़े, तो क्या तब भी पति उस पत्नी से प्रेम करेगा? आपने अभी तक अपनी पत्नी को क्यों जोड़ा हुआ है? उससे मोह के कारण या उसके द्वारा मिल रही सुविधाओं के छूटने के भय से? यह दृष्टि सभी रिश्तों में लगाकर देखिए। चाहे माँ-बेटे की बात हो या मां-बेटी की, भाई-बहन हो या पति-पत्नी, हर जगह रिश्तों में स्वार्थ के वश ही मोह दिखाई देता है। बेटे के जाने पर दुःख इसलिए होता है कि उसके जाने से हमारी सुविधाएँ छूट जाएँगी और इन्हीं सुविधाओं के छूटने के डर से हम उसे और अधिक कसकर पकड़ते हैं। यह कड़वा लग रहा होगा पर यही सच है।

हमें समझना चाहिए कि यह धारणा एक भ्रम है कि हम किसी के लिए कुछ कर रहे हैं। हम जो भी कार्य करते हैं वह स्वयं के स्वार्थ के लिए ही करते हैं, लेकिन हमारे मन में जब कर्ता भाव आ जाता है, यानि 'मैं' का भाव आ जाता है तो वहाँ अहंकार भी जन्म ले लेता है, यानी मोह और अहंकार हमारे दुख का कारण बनते हैं। व्यक्ति यह समझता है कि मैंने इसके लिए सब कुछ किया तो ये भी मेरे लिए बदले में कुछ दे। यानी हमारे भीतर अपेक्षाएँ पैदा होती हैं जो हमारे दुःख का कारण बनती हैं।

अब प्रश्न उठेगा कि हम मोह छोड़ देंगे तो संसार में कैसे रहेंगे, घर कैसे चलाएँगे, बच्चों को किस प्रकार पालेंगे क्योंकि कारण के बिना कोई कार्य होता ही नहीं है। बिना मोह रखे उनके साथ रिश्ते कैसे निभाएँगे? बिना मोह रखे कर्तव्य पालन कैसे करेंगे? इसके लिए हम मोह तो करें लेकिन सिर्फ कर्तव्य पालन तक, इसके बाद फल से जुड़ाव नहीं रखना। हम अपने कर्तव्यों का पालन फल की अपेक्षा रखे बिना करेंगे, तो हमें दुःख नहीं मिलेगा।

अभी तक हम व्यक्ति से सुख प्राप्ति की अपेक्षा रखकर उससे मोह करते हैं, परन्तु अब हमें अपने में सुख देखकर सब कार्य करने हैं। इसका क्या अर्थ हुआ? हमें समझना होगा कि यह सुख दूसरों के द्वारा हमें नहीं मिल सकता,

दूसरों से अपेक्षाएँ रखकर नहीं मिलेगा, अपने भीतर मिलेगा। पकड़ने की कोशिश कीजिए कि दुःख हमें रिश्तों से अपेक्षाएँ रखने के कारण अधिक मिलता है। इसलिए हमें उस सीमा तक ही जुड़ाव रखना है जहाँ तक आवश्यक है, जहाँ तक हमारे कर्तव्य हैं; और इसके बाद फल की अपेक्षा नहीं रखनी। यदि माता-पिता कोई अपेक्षा नहीं रखकर सिर्फ निस्वार्थ भाव से संतान का पालन-पोषण करेंगे तो भविष्य में जो भी परिणाम होगा उन्हें उससे दुःख नहीं होगा। सिर्फ कर्तव्य पालन के लिए किया गया मोह, फल न मिलने पर दुःख नहीं देगा क्योंकि जब फल से कोई अपेक्षा ही नहीं होगी तो दुःख भी नहीं होगा। हम समझ सकें कि कब मोह करना है और कब मोह छोड़ना है। यही स्वार्थ का सही स्वरूप है जो परमार्थ की ओर ले जाता है। यही सही रास्ता है जीवन को आनंद से भरने का।

भरत चक्रवर्ती से हम सीख सकते हैं कि संसार में रहकर भी मोह से परे कैसे रहा जाता है, कीचड़ में रहकर भी कमल कैसे बना जाता है। भरत चक्रवर्ती 6 खंड के अधिपति थे जिनकी 96 हजार रानियाँ थीं। इतने राज-पाट में पत्नियों और बच्चों के साथ रहकर, इतने राग में डूबे रहकर भी वह वैरागी कैसे हो सकता था? एक व्यक्ति हिम्मत करके अपना प्रश्न लेकर भरत चक्रवर्ती के पास गया और बोला, "महाराज! यह संभव ही नहीं है कि आप वैरागी रह सकें। इतनी सुख-सुविधाओं और अपार वैभव के बीच रहते हुए भला कोई कैसे विरक्त रह सकता है?" भरत चक्रवर्ती उसका प्रश्न सुनकर मुस्कुराए और बिना कोई उत्तर दिए हुए उसे तेल से पूरा भरा हुआ एक कटोरा देकर बोले, "जाओ, इसे हाथ में लेकर पूरे महल में घूमकर आओ और मेरा सारा वैभव देखो, हर रानी को देखना, उसकी सुन्दरता और उसके आभूषण देखना, सारे बाग-बगीचे-झरने देखना, महल की नक्काशी देखना . . . सवेरे से शाम तक तुम्हें घूमना है, बस शर्त इतनी सी है कि तेल से भरे इस कटोरे को अपनी हथेली पर रखकर घूमना और एक बूंद भी नीचे नहीं गिरनी चाहिए। यदि एक बूंद भी नीचे गिरी तो तुम्हारा सिर धड़ से अलग कर दिया जाएगा।" उस व्यक्ति को लगा कि हाथ में तेल से भरा हुआ कटोरा लेकर महल में ही

तो घूमना है, ये कोई बड़ी बात नहीं है। वह सवेरे से शाम तक पूरा महल घूमा, जब लौटकर आया तो भरत चक्रवर्ती ने पूछा,"कैसा लगा महल? देख ली सारी सुन्दरता और नक्काशी।" उस व्यक्ति ने जवाब दिया, "मेरा सारा ध्यान तो कटोरे पर था कि एक बूंद भी नीचे ना गिर जाए तो मैं कुछ और देख ही नहीं पाया।" भरत चक्रवर्ती ने मुसकुराते हुए जवाब दिया, "बस ऐसे ही मैं अपने महल में रहता हूँ। मैं भोगों के बीच रहता हूँ, परिवार के साथ रहता हूँ लेकिन इनके बीच रहते हुए भी नहीं रहता क्योंकि मुझे पता है कभी भी, कुछ भी हो सकता है, मेरे प्राण कभी भी जा सकते हैं, यह महल और वैभव कभी भी छूट सकता है। इसलिए मैं इन सबके लिए मन में आसक्ति नहीं रखता।" अब उस व्यक्ति को समझ में आ गया था कि कैसे 6 खंड के अधिपति अनुरागी होकर भी वैरागी हैं।

इसी तरह यदि हम परिवार के साथ रहते हुए, सोसायटी में रहते हुए, सारे कर्तव्य निभाते हुए भी खुद को यह बार-बार याद दिलाते रहे कि मैं कभी भी सब छोड़कर जा सकता हूँ, मेरे ये सारे संबंध कभी भी छूट सकते हैं, यह भोग, पैसा, वैभव जिसके पीछे मैं इतना भाग-दौड़ कर रहा हूँ, इतने पाप कमा रहा हूँ, वह कभी भी छूट सकते हैं, मेरे प्रियजनों का शरीर कभी भी खाली हो सकता है, यह भी किराए के मकान की तरह है, तो इन सबसे आपका गहरा मोह का भाव टूट जाएगा। इन सबका साथ हमें कुछ ही दिन के लिए मिला है, एक दिन छूट जाएगा। प्रतिदिन यह विचार करने से हमारा तीव्र मोह धीरे-धीरे कम होने लगेगा। छूटने का वह भय जो हमें चीज़ों को और कसकर पकड़ने और जोड़ने के लिए प्रेरित करता है, वह धीरे-धीरे समाप्त हो जाएगा, हम सच को अपनाने लगेंगे।

होना तो यह चाहिए कि व्यक्ति सिर्फ अपने लिए जिए, अपने लिए जीने का अर्थ स्वार्थी होना नहीं है। जो व्यक्ति अपने आप में स्थिर हो जाता है, वह पूर्णरूप से सुखी हो जाता है, वह कभी दूसरों को दुःख नहीं पहुँचाता, न मन से, न वचन से, न काया से। वह दूसरों से कोई अपेक्षा नहीं रखेगा, उसकी सोच स्वतः ही सबके कल्याण की हो जाती है। वह किसी को भयभीत नहीं करेगा,

सबके लिए अभयदान देगा। हमारे भगवान भी ऐसे ही होते हैं जो किसी को जरा भी दुख नहीं पहुँचाते, परेशान नहीं करते, स्वयं में लीन होकर भी वह सबका कल्याण चाहते हैं।

आइए एक अभ्यास करें (ईमानदारी से दें जवाब)

1. कौन से तीन रिश्ते हमें सबसे प्यारे हैं और आप इनसे क्यों जुड़े हुए हैं?
2. कौन सी तीन वस्तुएँ (प्रॉपर्टी, गहने, रुपये आदि) हमें सबसे प्यारे हैं और आपने इन्हें क्यों जोड़ा हुआ है?
3. क्या बिना स्वार्थ के किसी रिश्ते का होना संभव है?
4. जिस व्यक्ति से हमें सबसे अधिक मोह है, उसके द्वारा हमें सुख मिलता है या दुख?
5. आपका सबसे बड़ा डर क्या है?

मैं अपने गहरे मोह के भाव को त्यागता हूँ।
मैं सभी रिश्तों से सुख प्राप्ति की अपेक्षा छोड़ता हूँ।
मैं अपने कर्तव्यों को निरपेक्ष भाव से करता हूँ।
कोई रिश्ता अब मुझे दुःख नहीं पहुँचा सकता क्योंकि मैं उनसे ये अधिकार छीनता हूँ।
मैं अपने भीतर ही सुख को महसूस कर रहा हूँ।

7

‘मैं’ की कैद में फंसा ‘मैं’

हम अपने विचारों से एवं अपने व्यवहार से ही अपने व्यक्तित्व का निर्माण करते हैं। अपने जीवन को सुन्दर और सुखमय बनाने के लिए हम मेहनत करते हैं। अपने व्यवहार एवं अपनी भावनाओं को इस तरह से व्यवस्थित करने की कोशिश करते हैं कि हमारा जीवन भी व्यवस्थित हो जाए लेकिन हमारे मन में कुछ ऐसी भावनाएँ पैदा हो जाती हैं जो हमें दुनिया को वैसा नहीं देखने देतीं जैसी वह होती है।

हमारे मन में जब अहंकार पैदा होने लगता है तो वह हमें आस-पास की खुशियों को महसूस नहीं होने देता और हमें अपने आप से भी दूर कर देता है। अहंकार यानी ‘मैं’ का भाव। यह ‘मैं’ का भाव हमें कभी सहज नहीं होने देता।

आचार्य भगवन ने अहंकार के लिए एक बहुत सुन्दर हाइकू लिखा है :

मैं मैं नहीं हूँ
मैं से मैं घटाकर
बस मैं ही मैं।

यहाँ पहला ‘मैं’ है हमारा अस्तित्व और दूसरा ‘मैं’ है हमारा अहंकार, यह हमारा स्वभाव नहीं है, इसे हम बाहर से भीतर प्रवेश कराते हैं। यदि हम अपने आप में से उस अहंकार को निकाल दें तो खुद को पा सकते हैं।

तीन शब्द हैं—आधि, व्याधि और उपाधि। जब हमारे शरीर में कोई बाहरी तत्व प्रवेश करता है, चाहे वह आँखों में धूल हो या पांव में कांटा, अथवा शरीर में वायरस या बैक्टीरिया का प्रवेश ही क्यों ना हो, हम तुरंत बेचैन हो जाते हैं। हमारा शरीर उस बाहरी तत्व को स्वीकार नहीं करता और हम बीमार पड़ जाते हैं। शारीरिक बीमारी को 'व्याधि' कहते हैं। इसी तरह जब हमारे मन में किसी बाहरी भाव या विचार का प्रवेश होता है तो हमारा मन भी बीमार हो जाता है, जिसे 'आधि' कहा जाता है। क्रोध, अहंकार, ईर्ष्या, द्वेष आदि सब आधि हैं। बाहरी कोई भी भाव, जो हमारा स्व-भाव नहीं है, वह कभी सुख नहीं दे सकता।

जब किसी के लिए कोई विशेषण का प्रयोग होता है तो उसे 'उपाधि' कहते हैं। इससे व्यक्ति को आनंद महसूस होता है, उससे फिर भीतर अहंकार प्रवेश करता है। मुझे सब जानें, मुझे सब देखें, मेरे गुणों की प्रशंसा करें... इसी भावना को लिए जैसे-जैसे हमारी उपाधियाँ बढ़ती हैं, वैसे-वैसे अहंकार भी पोषित होता है।

चाहे हमारा शरीर हो, मन हो अथवा आत्मा हो, जब भी हम बाहर से भीतर कुछ भी प्रवेश कराएँगे तो वह हमारे दुःख का कारण ही बनेगा। सुख तब मिलेगा जब हम उस बाहरी भाव को अपने भीतर से वापिस बाहर निकाल देंगे। भले ही हम कुछ समय के लिए अहंकारी होने में खुशी महसूस करें लेकिन अंत में इससे दुख ही मिलता है क्योंकि यह हमारे भीतर से उत्पन्न नहीं हुआ है, हमने बाहर से भीतर इसे ग्रहण किया है।

जो भी भीतर से बाहर की ओर फूटेगा, वही सहज होगा और हमें सुख देने वाला होगा। जब मिट्टी में दबा बीज प्रस्फुटित होकर एक पौधा बनता है, जब अंडे से एक जीव निकलता है, जब माँ के गर्भ से संतान जन्म लेती है तो यह सब भीतर से बाहर की ओर होने वाली प्रक्रिया है और यह सचमुच सुख और सुकून देने वाली होती है। लेकिन विडम्बना यह है कि हम चाहते हैं कि दुनिया हमें सराहे और इसलिए बाहरी प्रशंसा को हम भीतर अपनाते हैं, यही हमारी सबसे बड़ी गलती होती है।

वह अहम् का भाव अथवा वह कर्तापन का भाव। 'मैं' कुछ हूँ, अथवा "मैं करने वाला हूँ।" जब बड़े-बड़े कुछ नहीं कर पाए तो हम क्या कर पाएँगे? फिर यह कर्तापन का भाव क्यों लाना? हम सभी कार्यों को कर्तव्य मानकर क्यों नहीं कर सकते? जब "मैं करता हूँ" वाले भाव को छोड़कर हम मात्र 'हैं' वाले भाव को महत्त्व देते हैं, वास्तविकता को स्वीकार करने लगते हैं तो अहंकार का पोषण करने से बच जाते हैं। लेकिन दुनिया में बहुत कम लोग ऐसा कर पाते हैं।

एक साधारण से परिवार की स्त्री ने सिलाई, कढ़ाई और बुनाई करके पाई-पाई जोड़कर पैसे जमा किए और जीवन में पहली बार सोने के कंगन बनवाए। कंगन पहनने के बाद जब वह एक पारिवारिक कार्यक्रम में शामिल हुई तो उसके मन में भाव उठे कि लोग उसके कंगन की ओर ध्यान दें, उसकी प्रशंसा करें। उसने इसके लिए अलग-अलग प्रकार से प्रयास किए पर किसी ने भी उसके कंगन की ओर नहीं देखा। अब वह सबको भोजन परोसने लगी जिससे लोगों का ध्यान उसके कंगन की ओर जाए। उसने आगे बढ़कर दाल, रोटी, सब्जी, चावल, रायता, मिठाई सब परोसे लेकिन फिर भी किसी का ध्यान उसके कंगन की तरफ नहीं गया। वह निराश और परेशान हो गई। सोचने लगी कि आखिर कंगन बनवाने का क्या फायदा जो किसी ने देखे और सराहा ही नहीं? लोगों का ध्यान अपने कंगन की ओर आकृष्ट करने के लिए उसने एक तरकीब सोची। घर आकर उसने अपनी कुटिया में आग लगा दी और दोनों हाथ ऊपर करके चिल्लाई, "मेरी कुटिया में आग लग गई, कोई आग बुझाओ।" आग बुझाने के लिए स्त्री पुरुष दौड़े-दौड़े आए। जब कुछ लोगों की नज़र उसके हाथों की तरफ गई तो वह बोल पड़े, "अरे इतने सुन्दर कंगन तुमने कब बनवाए?" तब वह स्त्री कहती है, "आप लोगों की नज़र इन पर अब गई है। जो पहले देख लेते तो मैं अपने ही घर में आग नहीं लगाती।"

कुछ ऐसा ही सबके साथ है। जब आप नई साड़ी पहनकर बाहर जाते हैं तो आपका ध्यान अपनी ओर नहीं, लोगों की ओर रहता है। किसी विशेष अवसर पर कुछ दिन के लिए उपवास करने पर यदि कोई आपका हाल-चाल ना पूछे

तो आप अपने मन की शांति को भंग कर देते हैं। मान लीजिए आपने एक नई कार खरीदी और एक ऐसा मॉडल जो आपके आसपास शहर में किसी के पास भी नहीं है और कोई उसकी तरफ देखे भी नहीं तो आपको कैसा लगेगा? यानी हमारे मन में भाव पैदा होता है कि दुनिया हमारी ओर देखे।

दरअसल हमारी खुशी स्वयं के भावों से ज्यादा इस बात पर निर्भर करती है कि हमारी उपलब्धि पर लोग कैसी प्रतिक्रियाएँ देते हैं। हम अपने अहंकार को पुष्ट करना चाहते हैं और ऐसा नहीं हो पाए तो बेचैन हो जाते हैं। यदि हम अपने द्वारा अर्जित वस्तुओं पर दूसरों की प्रतिक्रिया पाकर खुश हो जाते हैं, तो इसका मतलब है कि हमारा रिमोट कंट्रोल दूसरों के हाथ में है।

अहंकार कभी व्यक्ति को सम्पूर्ण नहीं महसूस करने देता। वह हमेशा बाहरी पोषण मांगता है, लोगों से प्रशंसा चाहता है। जब व्यक्ति के भीतर अहंकार का प्रवेश होता है तो वह भिखारी बन जाता है। उसे मांगने की आदत पड़ जाती है। वह दूसरों से पैसा नहीं मांगता अपितु सराहना मांगता है या कहें वाहवाही मांगता है, जो उसकी नासमझी का सूचक है।

मैं ज्ञानी, मैं सुन्दर, मैं अमीर, मैं बड़ा अथवा मेरा वैभव, मेरी शक्ति, मेरा रूप, मेरा बेटा, मेरा पद। यह 'मैं' और 'मेरा' का फेर बहुत दुख देने वाला है। जिन चीजों को लेकर हम अहंकार से भर जाते हैं, वह सब कुछ तो छूटने वाला है। हमारा शरीर कब तक रहेगा? हमारा बंगला, गाड़ी, पैसा कब तक रहेगा? हमारा बेटा भी कब तक साथ रहेगा? हमारी पदवी कब तक रहेगी? यह सब कुछ एक दिन छूट जाएगा। हमें समझना चाहिए कि "जो मेरा है वह कभी छूटता नहीं और जो छूट जाता है वह कभी मेरा हो नहीं सकता"। अपने आप से पूछो कि "मैं कौन हूँ?", "क्या मेरा अस्तित्व है?", "क्या मेरा अपना है?," "क्या मैं साथ लाया था?" और "क्या मैं अपने साथ मृत्यु के बाद लेकर जाऊँगा?"

जब हमारा जन्म हुआ हमारे पास कुछ नहीं था। नाम बाहर से मिला, पैसा बाहर से मिला, भोग-विलास की वस्तुएँ बाहर से मिलीं, घर बाहर से मिला, पत्नी, पुत्र, दोस्त सब बाहर से मिले। इन नश्वर वस्तुओं अथवा रिश्तों को ही

हम अपना मान लेते हैं जबकि यह सब तो हमें जन्म लेने के बाद से मिला है। यह कभी हमारे अपने थे ही नहीं और न ही हम इन्हें मृत्यु के बाद अपने साथ कहीं लेकर जा सकते हैं, तो किस बात का घमंड करें?

एक वह व्यक्ति जिसने कुछ चाहा और उसे पा लिया अथवा दूसरा वह व्यक्ति जो चाहकर भी कुछ पा नहीं सका, दोनों ही दुःख की राह पर हैं क्योंकि दोनों ही सुख बाहर में खोज रहे हैं। 'कुछ' न मिलने पर जिस व्यक्ति को दीनता का भाव घेर लेता है, उसी व्यक्ति के भीतर कुछ पा लेने पर अहंकार जन्म लेता है। यदि हमारे मन में आज दीन-हीनता का भाव आ रहा है तो अवश्य हमारे मन में मान की चाह भी बनी है। अहंकार और दीनता का भाव दोनों एक ही रस्सी के दो छोर हैं, दोनों साथ ही चलते हैं, दोनों ही भाव दुखदायी हैं। इसीलिए खुद को ना तो अहंकार से भरना है और ना दीनता के भाव से भरना है। सच्चा आनंद तो सहजता में है; जो हमारे पास है उसे खुशी से स्वीकारने में है।

आचार्य भगवन ने हायकू लिखा है :

नाम न चाहो
नाम का विलोम ही
मना करता

अर्थात 'नाम' का विलोम 'मना' होता है, वह ही कह रहा है कि नाम न चाहो। जो व्यक्ति जितना महान होता है वह उतना ही नाम से बचता है, विशेषण से बचता है। वह जानता है कि ये आधि और उपाधि दोनों ही दुःख देने वाली हैं।

आज 24 तीर्थंकरों के नाम आप बता देंगे पर क्या भूतकाल की चौबीसी के नाम बता पाएँगे? वे तीर्थंकर जिन्होंने लाखों-करोड़ों वर्ष शासन किया, करोड़ों जीवों का कल्याण किया, वे चक्रवर्ती जिन्होंने 6 खंडों पर राज किया, जिनका इतना असीम वैभव था, आज उनका नाम लेने वाला भी कोई नहीं है तो हम किस खेत की मूली हैं? हमारा नाम लेने वाला भी कोई नहीं बचेगा तो हम किस बात का अहंकार करते हैं।

हमने आज तक 'मैं' को ही सुख प्राप्ति का फार्मूला माना है। अर्थात स्वयं में उस अहंकार रूप 'मैं' को जोड़ा है और अपना संसार अनंतकाल से बढ़ाया है। परन्तु सुखी होने का सही फार्मूला यह है, कि हम अपने में से उस अहंकार रूप 'मैं' को घटा देंगे तो अपने सच्चे अस्तित्व को पा लेंगे और सुखी हो जाएँगे।

आइए एक अभ्यास करें (ईमानदारी से दें जवाब)

1. किन बातों के कारण आप खुद को दूसरों से बेहतर या कम आंकते हैं?
2. आपके जाने के बाद कितने साल तक आपके नाम को याद रखा जाएगा?
3. परिवार और संपत्ति होने के बावजूद भी आप सुखी और संतुष्ट क्यों नहीं हैं?
4. अभी तक अर्जित की हुई कौन सी वस्तु को आप मरने के बाद साथ ले जा पाएँगे?

मैं दूसरों के भीतर मौजूद गुणों को स्वीकारता हूँ।
मैं सबका सम्मान करता हूँ।
मैं किसी अन्य व्यक्ति से सराहना नहीं चाहता।
मैं अपने भीतर सुख महसूस करता हूँ।
बदलाव की इस यात्रा में मुझे हल्का महसूस हो रहा है।

8

क्रोध : ऊर्जा या विनाश

जीवन में बहुत सारे ऐसे कारण मिलते हैं जो हमें सुख पाने की इस यात्रा में पीछे धकेल देते हैं। कुछ समय तक कदम आगे की ओर बढ़ाने के बाद हम खुद को वापस उसी जगह पाते हैं जहाँ से ऊपर उठने के लिए हमने प्रयास प्रारंभ किया था। क्रोध भी उन्हीं में से एक कारण है जो हमें आगे नहीं बढ़ने देता। जीवन में सुख पाने के लिए यह जरूरी है कि हम शांत रहें क्योंकि जब तक हमारे भीतर अशांति रहेगी, हम सुखी हो ही नहीं सकते।

इस अध्याय में हम क्रोध के भाव को समझेंगे। किस प्रकार यह मनोविकार हमें न केवल भीतर से दुखी बनाता है, अपितु बाहर से भी हमारे शरीर को और आस-पास रहने वाले लोगों से हमारे संबंधों को भी हानि पहुँचाता है।

सबसे प्रथम यह समझें कि क्रोध आने का कारण क्या है? आपको किसी व्यक्ति पर गुस्सा तब आता है जब वह आपकी अपेक्षाओं को पूरा नहीं कर पाता। व्यक्ति के स्वभाव को समझने की कोशिश करें। यदि उस व्यक्ति के भीतर वह क्षमता ही नहीं है जिसकी अपेक्षा आप उससे कर रहे हैं, तो वह आपकी अपेक्षा कैसे पूरी कर सकता है? क्यों हम कौए से यह अपेक्षा रखते हैं कि वह कोयल की ध्वनि में बात करे? क्यों हम बंदर से यह अपेक्षा रखते हैं कि वह दिन भर शांत बैठा रहे? क्यों हम मछली से यह अपेक्षा रखते हैं कि वह उस छोटे तालाब से निकलकर खुले आकाश में उड़े? क्यों हम गधे से यह

अपेक्षा रखते हैं कि वह घोड़े जैसा तेज़ भागे? गलती उसकी नहीं, हमारी है क्योंकि हमारी अपेक्षाएँ ही गलत हैं।

आपके मन में प्रश्न आ रहा होगा तो क्या व्यक्ति का स्वभाव कभी नहीं बदला जा सकता? बदल तो सकता है परंतु स्वयं से यह प्रश्न करें कि क्या हम एक तनाव मुक्त जीवन चाहते हैं अथवा हमने ही सबको बदलने की ठेकेदारी ली हुई है? अगर सामने वाला व्यक्ति अपना स्वभाव छोड़ने को तैयार ही नहीं है तो क्यों हम अपना जीवन उसके कारण तनाव से भरें? यदि हम व्यक्ति को उसके स्वभाव सहित अपनाएँगे तो हम उससे अनावश्यक अपेक्षाएँ नहीं रखेंगे।

कुछ परिस्थितियाँ ऐसी होती हैं जब क्रोध के निमित्त मिलने पर भी आप क्रोध नहीं करते। जैसे, जब आपकी दुकान पर कोई ग्राहक आपसे बहुत सारी वस्तुएँ निकलवाकर देखने के बाद उनमें से एक भी वस्तु नहीं खरीदता तब आपको भीतर से तो बुरा लगता है परन्तु फिर भी आप उस ग्राहक पर क्रोध नहीं करते। क्यों? क्योंकि आपने बाद में मिलने वाले दुष्परिणाम को पहले ही देख लिया। आपको पता है कि क्रोध करने से आपका ही नुकसान होगा, वह ग्राहक आपके पास वापिस नहीं आएगा। इसी प्रकार जीवन में भी यदि हम क्रोध करने के बाद के परिणाम को पहले ही समझ लेंगे तो हम इसे छोड़ देंगे और दुखी नहीं होंगे।

अब समझते हैं, विज्ञान के अनुसार क्रोध किस प्रकार हमारे शरीर को हानि पहुँचाता है?

कुछ समय पहले एक रिसर्च की गई। कुछ लोगों से कहा गया कि उन्हें अपने शत्रु के बारे में सोचना है और फिर एक कागज़ पर उन शत्रुओं के बारे में जितना बुरा हो सके वह लिखना है। जो भी क्रोध वश मन में आ रहा है वह सब कागज़ पर उतार देना है। इस प्रयोग से पहले और बाद में सबके खून की जाँच हुई। उस जाँच में पाया गया कि क्रोध से भरने के बाद उनकी श्वेत रक्त कोशिकाओं एवं लाल रक्त कोशिकाओं की संख्या बहुत अधिक घट गई।

फिर उन्हीं लोगों पर एक दूसरा प्रयोग किया गया। उनसे कहा गया कि उन्हें उन मित्रों को याद करना है जो हमेशा उनकी मदद करते हैं, जिनके लिए

उनका मन आभार की भावना से भरा है और जो उन्हें बहुत प्रिय हैं। एक कागज़ पर उन मित्रों के विषय में अपने अच्छे भावों को लिखना है। इस प्रयोग के भी पहले और बाद में सबके खून की जाँच हुई। उस जाँच में पाया गया कि अच्छे भावों के चिंतन के बाद उनकी श्वेत रक्त कोशिकाओं एवं लाल रक्त कोशिकाओं की संख्या में वृद्धि हुई।

क्रोध से हमें बहुत अधिक शारीरिक नुकसान होता है। सोचिए कि क्या यह उचित है कि गलती कोई और करे और सजा किसी और को मिले? कोई और चोरी करे और हमें जेल में डाल दिया जाए? क्रोध करने का अर्थ है, दूसरे की गलती की सजा स्वयं को देना। उसका व्यवहार गलत होता है लेकिन दिनभर हम अपना दिमाग खराब रखते हैं; वह कुछ गलत कहता है और हम अपने मन की शांति खो देते हैं; वह अपना व्यवहार नहीं बदलता और हम तनाव में आ जाते हैं, खुद को क्रोध से भरते हैं, अपने शरीर और मन का नुकसान करते हैं।

जब हम गुस्सा करते हैं तब हमारा रिमोट कंट्रोल किसी और के हाथ में पहुँच जाता है। वह जैसे चाहे, जितना चाहे, हमारे मन को क्षति पहुँचा सकता है और हम बिना सोचे उसके हाथों की कठपुतली बनने को तैयार हो जाते हैं।

जब हमारे शरीर और मन को इस मनोविकार के कारण इतना अधिक नुकसान पहुँचता है तो फिर हम इसे अपने भीतर रखते हुए सुख और आनंद को कैसे महसूस कर सकते हैं? यदि किसी व्यक्ति को गुस्सा बहुत आता है और वह यह तर्क देता है कि सामने वाले मुझे गुस्सा दिलाते हैं, तो यह तर्क व्यर्थ है। जब हम जीवन में भौतिक वस्तुओं को पाने के लिए जी जान से मेहनत करने को तैयार रहते हैं तो फिर अपने स्वभाव को बदलने की कोशिश क्यों नहीं कर सकते? खुद पर इतना नियंत्रण रखना तो आना ही चाहिए कि हम दूसरों के हाथ की कठपुतली ना बन सके। इस बात को एक कहानी के माध्यम से समझा जा सकता है।

एक बार एक व्यक्ति बहुत बड़े महात्मा के पास गया और कहा, "महात्मा जी मेरे आस-पास ऐसे लोग अधिक हैं जो मुझे बात-बात पर गुस्सा दिलाते हैं और यही कारण है कि मैं दिन भर गुस्से से भरा रहता हूँ। कोई ऐसा उपाय बताएँ जिससे मेरा गुस्सा कम हो जाए।" महात्मा जी ने मुसकुराते हुए कहा, "यह कोई बड़ी समस्या नहीं है। मेरे पास एक बहुत असरदार दवा है जिसने बहुत लोगों के गुस्से को सदा के लिए खत्म कर दिया है। तुम यह दवाई की बोतल हमेशा अपने साथ रखना। जब भी तुम्हें गुस्सा आए तो तुम इसका एक ढक्कन भर के अपने मुँह में डाल लेना और ध्यान रखना यह दवाई एक साथ पेट में नहीं जानी चाहिए। इसे धीरे-धीरे निगलना। जब यह दवाई खत्म हो जाए तो मुझसे और ले जाना।"

अब उस व्यक्ति को जब भी गुस्सा आता तो वह उस बोतल से एक ढक्कन दवाई निकालता और मुँह में डाल लेता। सामने वाला व्यक्ति चिल्लाकर, बड़बड़ाकर चला जाता और उसकी इच्छा जवाब देने की होने के बावजूद भी मुँह में दवाई होने के कारण वह कुछ नहीं कह पाता। कुछ समय बाद जब दवाई खत्म हो गई तो वह व्यक्ति महात्मा जी के पास गया और बोला, "बहुत ही कारगर दवाई बताई है आपने। अब मुझे गुस्सा आना काफी कम हो गया है या यूँ कहिए कि बंद ही हो गया है। अब मुझे फिर से इस दवाई की जरूरत है।"

महात्मा जी ने मुस्कुराते हुए कहा, "अब तुमने दूसरों की बातों पर तेजी से प्रतिक्रिया देना बंद कर दिया है। बस यही अभ्यास बनाए रखना। उस बोतल में दवाई नहीं, पानी था।" व्यक्ति को महात्मा जी की बात समझ में आ गई थी कि गुस्सा करना अथवा ना करना हमारे हाथ में है, बस थोड़े अभ्यास की जरूरत है। विज्ञान में इसे ही 'प्लेसिबो इफेक्ट' कहा जाता है।

यह कहानी हमें यही बताती है कि यदि हम चाहें तो अपने स्वभाव को चाहे जैसा बना सकते हैं। यदि दृढ़ता से पालन करें तो हम आसानी से इन दुर्गुणों से दूर हो सकते हैं क्योंकि यही वे बाधाएँ हैं जो सुख की राह पर आगे बढ़ने से हमें रोकती हैं।

आइए एक अभ्यास करें (ईमानदारी से जवाब दें)

1. आपको कब-कब गुस्सा करने के बाद बुरा महसूस होता है?
2. कितनी बार आपने महसूस किया कि आपने व्यर्थ ही क्रोध करके अपने रिश्तों को ख़राब कर लिया?
3. क्रोध करने के बाद कब आपको सुख और ख़ुशी का अनुभव हुआ है?

मैं सबको क्षमा करता हूँ।
क्षमा करना मुझे स्वतंत्र और हल्का बनाता है।
मेरे लिए अपने विचारों की प्रेम पूर्वक अभिव्यक्ति करना सरल है।
मैं सजगता से अपने शब्दों का चुनाव करता हूँ।
मेरी आंतरिक शांति हर परिस्थिति में सबसे अधिक महत्त्वपूर्ण है।
मैं अपने जीवन के प्रत्येक क्षण के साथ शांति में हूँ।

9
तृष्णा का गणित (3+3=0 , 3-3=9)

राजा भतृहरि अपने ग्रंथ *वैराग्य शतक* में असीम इच्छाओं के परिणाम को कुछ इस तरह लिखते हैं :

भोगो न भुक्ता वयमेव भुक्ता।
तपो न तप्ता वयमेव तप्ता॥
कालो न यातो वयमेव याता।
तृष्णा न जीर्णा वयमेव जीर्णा॥

आज तक मैंने बहुत भोगों को भोगा पर भोग समाप्त नहीं हुए, अपितु मैं ही भोग बनकर रह गया। मैं बहुत तपा पर मेरा तप समाप्त ही नहीं हुआ। बहुत काल बीता परंतु काल पूरा नहीं हुआ, मैं ही चला गया। मेरी तृष्णा किञ्चित भी जीर्ण नहीं हुई, बल्कि मैं ही जीर्ण हो गया।

एक महात्मा जी ने अपनी कुटिया के बाहर एक बोर्ड लगा रखा था जिस पर लिखा था—

$3 + 3 = 0$
$3 - 3 = 9$

जो भी उनके दर्शन करने के लिए आता था, उसकी दृष्टि उस बोर्ड पर जाती और वह आश्चर्य के भाव से भर उठता था। आखिर यह कैसा अजीब गणित है! साधु महाराज के दर्शन के बाद प्रायः हर व्यक्ति यही कहता था, "आपने बाहर बोर्ड पर जो लिख रखा है उसके जमा और घटा के चिन्ह थोड़े गड़बड़ा गए हैं। ऊपर वाला जमा का निशान नीचे आकर 45 डिग्री घूम जाना चाहिए और नीचे वाला घटा का निशान ऊपर चले जाना चाहिए।" महात्मा जी सभी को मुस्कुराते हुए जवाब देते थे, "नहीं, कोई गलती नहीं है। बिल्कुल सही लिखा हुआ है।"

एक सुबह एक राजा उन महात्मा जी की कुटिया में आया। राजा अपार संपदा और वैभव होने के बाद भी बहुत दुखी और उदास रहता था। एक के बाद एक राज्यों को जीतने के बाद भी उसे शांति नहीं मिली थी और शांति की तलाश में किसी की सलाह पर वह महात्मा जी के पास आया था। कुटिया में प्रवेश करते हुए राजा की दृष्टि भी उस बोर्ड पर गई और वह भी आश्चर्य से भर उठा। वह ऐसा गणित पहली बार ही देख रहा था। राजा ने महात्मा जी को प्रणाम किया और कहा, "महात्मा जी! मैं भीतर से बहुत अशांत हूँ, मुझे शांति का कोई रास्ता बताइए।" महात्मा जी ने मुस्कुराते हुए जवाब दिया, "रास्ता तो है पर थोड़ा मुश्किल है।" राजा ने कहा, "मैं शांति को पाने के लिए कुछ भी कर सकता हूँ।" महात्मा जी ने कहा, "यदि तुम्हारे राजमहल में किसी साधु के पवित्र चरण पड़ जाएँ तो उद्धार हो सकता है। हे राजन! आप किसी योग्य साधु को अपने राजमहल में बुलाकर भिक्षा देना।" राजा ने बड़े गर्व से कहा, "यह कौन सी बड़ी बात है, मैं तो दुनिया के सभी बड़े-बड़े साधुओं को बुलाकर उन्हें भिक्षा देकर तृप्त कर सकता हूँ।" महात्मा जी बोले नहीं, "एक ही साधु को तृप्त कर दो तो बहुत है।" राजा ने कहा, "महात्मा जी आप ही चलिए।" महात्मा जी ने पूछा, "क्या आप मुझे भिक्षा दे पाएँगे?" राजा ने कहा, "क्यों नहीं, मैंने अब तक जो चाहा है, वह पाया है और आप जो चाहे वह आपको दे सकता हूँ। मैं आपको आदरपूर्वक अपने राजमहल में आमंत्रित करता हूँ और यह वादा करता हूँ कि जो भी भिक्षा आप मांगेंगे मैं दूँगा।" महात्मा जी

ने कहा, "मैं भिक्षा लेने कहीं जाता नहीं।" राजा ने पूछा, "क्यों महाराज?" महात्मा जी ने जवाब दिया, "मैं आज तक जहाँ भिक्षा लेने गया, मुझे भिक्षा मिली ही नहीं। इसीलिए अब मैं अपनी कुटिया में बैठा रहता हूँ, जिसे जो देना है वह आकर दे जाता है।" राजा ने हाथ जोड़कर कहा, "अब तक आपने जिससे भिक्षा मांगी होगी वे गरीब होंगे। आप मेरे महल में आएँ, मैं आपको निराश नहीं करूँगा।" महात्मा जी ने कहा, "सोच लो, तुम यदि मुझे भिक्षा नहीं दे पाए तो तुम्हारी बदनामी हो जाएगी।" राजा ने कहा, "मैंने सोच लिया महाराज, आप मेरे राजमहल में आएँ तो सही।"

राजा के बहुत हठ करने पर महात्मा जी मान गए और एक दिन राजमहल जा पहुँचे। राजा उन्हें देखकर बहुत प्रसन्न हुआ। उसने साधु के भिक्षा-पात्र में भांति-भांति के पकवान डाले लेकिन वह पात्र नहीं भरा। अब राजा ने स्वर्ण मुद्राएँ और आभूषण पात्र में डालना शुरू किया लेकिन पात्र था कि भरता ही नहीं था। आखिर राजा ने हताश होकर कहा, "महात्मा जी! यह कैसा पात्र है जो भरता ही नहीं है। मैं अपना सर्वस्व भी इसमें डाल दूँ तो भी यह नहीं भरेगा।" महात्मा जी मुस्कुराए और बोले, "मैंने तो तुम्हें कहा ही था कि तुम मुझे भिक्षा नहीं दे पाओगे।" राजा ने महात्मा जी से पूछा, "यह कौन सा पात्र है?" महात्मा जी ने पात्र को उलट पलट करके दिखाते हुए कहा, "यह मनुष्य की खोपड़ी है। यह भले ही कुछ भी पा ले लेकिन कभी भी संतुष्ट नहीं होती।" अब राजा को समझ आ गया था कि इतने राज्य जीतने के बाद भी उसे मन की शांति क्यों नहीं मिल रही थी।

सही ही कहा है, "तृष्णा की खाई खूब भरी, वह रिक्त रही . . .वह रिक्त रही . . ."

हाँ, यह सच है हम सुख की प्राप्ति के लिए अनवरत दौड़ते रहते हैं। कभी इस चाह में, कभी उस चाह में और जब कुछ पा लेते हैं तो एक नई इच्छा जन्म लेती है लेकिन इंसान कभी संतुष्ट नहीं होता। इन कभी न ख़त्म होने वाली इच्छाओं का कारण हमारी कभी न ख़त्म होने वाली तृष्णा है। महात्मा जी ने अपनी कुटिया के बाहर सही लिखा था $3 + 3 = 0$। यानी जब हम

इकट्ठा करते जाते हैं, जोड़ते जाते हैं तब भी शून्य ही रहते हैं क्योंकि हमारी तृष्णा अंतहीन है। इसे ऐसे समझिए कि एक डिब्बे में तीन आम रखे हैं और हमने उसमें तीन आम और रख दिए। 10 दिन बाद डिब्बे में कितने आम रह जाएँगे? उत्तर है शून्य क्योंकि आम सड़ जाएँगे। जब आप जोड़ते चले जाते हो तो आप उसे सड़ाते चले जाते हो। आपका पूरा समय, पूरी ऊर्जा उसी की चिंता में व्यर्थ चली जाती है। यही स्थिति हमारी इच्छाओं की है जिन्हें हम एक के बाद एक पूरा करते रहते हैं और फिर भी हमारा मन कभी तृप्त ही नहीं होता। पर यदि इन तीन आमों की गुठलियों को हम बो दें, तो उन तीन आम से नौ क्या अनगिनत आम भी मिल सकते हैं। पर इसके लिए हमें इन्हें इकट्ठा नहीं करना है, इन्हें बांटना है। अर्थात जब आप देते हो तो आपकी खुशियाँ बढ़ती चली जाती हैं, जब आप बांटते हो तो भीतर आनन्द से भर जाते हो।

जो व्यक्ति दूसरों की मदद करता है, दूसरों के लिए अच्छा सोचता है, वह हमेशा क्रिएटिव रहता है, खुश रहता और अपना उत्थान करता है। इसके विपरीत जिस व्यक्ति की तृष्णा मजबूत रहती है, जो सिर्फ अपने बारे में ही सोचता है, सिर्फ जोड़ना ही पसंद करता है, वह हमेशा नेगेटिविटी और भय से भरा हुआ होता है। वह कभी कुछ रचनात्मक नहीं कर सकता क्योंकि उसका सारा समय, सारी ऊर्जा उस जोड़े हुए की रक्षा करने में ही खर्च होती है और वह अपने सुकून को खो देता है।

अब इसके पीछे छिपे हुए विज्ञान को समझने की कोशिश करें। वैज्ञानिकों ने एक रिसर्च की है कि जब व्यक्ति कुछ पाने की चाह मन में रखता है तो उसके शरीर में डोपामाइन हार्मोन बढ़ता है। जब इस हार्मोन की मात्रा अधिक बढ़ती है तो उसके भीतर और अधिक इच्छाएँ, जोड़ने और संग्रह करने की वृत्ति भी बढ़ती है। इसके विपरीत एक दूसरा हार्मोन होता है ऑक्सीटोसिन। यह हार्मोन तब पैदा होता है जब व्यक्ति के भीतर दूसरों के लिए प्रेम, वात्सल्य, वैयावृत्ति (सेवा) का भाव जागृत होता है, जब वह किसी के कष्ट दूर करने की भावना से भर जाता है, दूसरों को सुखी बनाने का भाव पैदा होता है। यह हार्मोन उसे अंदर से खुशियाँ देने वाला होता है।

जब शरीर में डोपामाइन हार्मोन अधिक मात्रा में बढ़ने लगता है, तब व्यक्ति टेंशन से भरने लगता है। यदि स्वयं को खुश रखना है तो ऑक्सीटोसिन को बढ़ाना होगा और ऑक्सीटोसिन पैदा होता है जब हम मात्र अपने बारे में न सोचकर दूसरों के बारे में सोचते हैं, किसी दूसरे को वात्सल्य भरी दृष्टि से देखते हैं, किसी की सेवा करने का भाव रखते हैं, जब हम पर-कल्याण में दान देते हैं, जब हृदय में क्षमा का भाव होता है, दूसरों के प्रति विनय का भाव होता है। यह वैज्ञानिकों ने सिद्ध करके दिखाया और यही बात धर्म कहता है परन्तु धर्म की बात पर हमें सरलता से विश्वास नहीं होता।

इसके विपरीत दुनिया में कुछ फिलोसॉफर कहते हैं कि आपका जो मन है वह करो, जो खाना है वह खाओ, जो भोगना है वह भोगो, एक दिन आप सारी इच्छाओं को भोग लेंगे तो वे समाप्त हो जाएँगी, परन्तु यह गलत है। मनुष्य की तृष्णा वह कुआं है जिसमें जितना डालते जाओगे वह उतना ही खाली रहेगा। जैसे समुद्र में कितनी भी नदियाँ मिल जाएँ, समुद्र की कभी तृप्ति नहीं होती। अग्नि में घी डालने से अग्नि कभी बुझती नहीं। तृष्णा को पुष्ट करने से वह कभी शांत नहीं होती।

इसका अर्थ यह नहीं कि आपकी आवश्यकताओं के लिए आपको मना नहीं किया जा रहा है। आपको उस तृष्णा की खाई को भरने के लिए मना किया जा रहा है जो कभी भरती नहीं है। अपनी आवश्यकताओं को पूरा किया जाए लेकिन लालच को नहीं। एक के बाद एक संग्रह करने की प्रवृत्ति के बजाय, देने के सुख को महसूस करें, तो सही मायने में सुख को प्राप्त कर सकते हैं। सुख पाने में नहीं, छोड़ने में है क्योंकि पाने की दौड़ अंतहीन है और छोड़ने में आत्म संतुष्टि है।

आइए एक अभ्यास करें (ईमानदारी से दें जवाब)

1. क्या आपको लगता है कि आपने अपने जीवन में वह सब कुछ प्राप्त कर लिया है जो आप चाहते थे?

2. एक के बाद एक इच्छाओं को पूरा करने के बाद क्या अब आपको आपके मन की संतुष्टि मिल गई है?
3. कौनसी इच्छा पूरी करने पर आपको सबसे अधिक समय के लिए शांति मिली थी? वह शांति कितने समय के लिए मिली थी?

मैं अपने जीवन में संतुष्ट और तृप्त हूँ।
जीवन मेरे लिए परिपूर्ण है।
मेरे पास पर्याप्त संसाधन और सुविधाएँ हैं।
मुझे बांटने से ख़ुशी मिलती है।
मैं तृष्णा के बोझ से मुक्त होता हूँ।

10.
मन के भावों को सुधारने के उपाय

किसी बीमारी को ठीक करने के लिए पहले उसका निदान जरूरी होता है, इसी प्रकार भावों को संभाला बाद में जाएगा, पहले ये देखा जाएगा कि वह भाव कब और किन कारणों से खराब होते हैं और उनकी जड़ क्या है? चाहे वे भाव शोक के हों, भय के हों, राग के हों, चिंता के हों, ईर्ष्या के हों, मायाचारी के हों, लोभ के हों, अहंकार के हों या जो भी अन्य दुर्भाव हों। कई बार हमें महसूस होता है कि हमारे भीतर गलत भाव पैदा हो रहे हैं और यह नहीं होना चाहिए परंतु इसके बाद भी हम समझ नहीं पाते कि इन्हें कैसे व्यवस्थित बनाएँ? जो व्यक्ति अपने भावों का अध्ययन करेगा, वही उन्हें सुधारने की कोशिश कर पाएगा।

जिस प्रकार शरीर को स्वस्थ बनाने के लिए हम अच्छा भोजन ग्रहण करते हैं ठीक उसी प्रकार भावों को अच्छा बनाने के लिए हमें अपने मन के भोजन को भी व्यवस्थित करना होगा। वह भोजन पाँच इन्द्रियों के माध्यम से होता है। हमें यह देखना होगा कि पाँचों इन्द्रियों के माध्यम से हम अपने मन में क्या-क्या भरते हैं? जैसे हम कैसे दृश्यों को देखते हैं, किस प्रकार के शब्दों को सुनते हैं, किस प्रकार का साहित्य पढ़ते हैं, कैसी वस्तुओं को छूते हैं, किन शब्दों को बोलते हैं, किस प्रकार की खुशबू पसंद करते हैं आदि। हमें यह अध्ययन अवश्य करना चाहिए कि हम अपनी इंद्रियों का कितना अच्छा

प्रयोग कर रहे हैं और कितना गलत प्रयोग करते हैं। अगर हम अपनी इंद्रियों पर कंट्रोल कर पाएँगे, तो ही हम अपने मन पर कंट्रोल कर पाएँगे।

70–80% हमारी आँखों के माध्यम से मन पर प्रभाव पड़ता है। अन्य हर इन्द्रिय का प्रयोग व्यक्ति दिन में कुछ समय के लिए करता है परंतु आँखों का प्रयोग सबसे अधिक समय के लिए होता है। व्यक्ति जितना समय जागता है उतने समय आँखों का प्रयोग करता है। वह मोबाइल में राग का कोई दृश्य देखता है, तो मन में उसी प्रकार के परिणाम पैदा होने लगते हैं, क्रोध या लड़ाई के दृश्य देखता है तो उसके परिणाम भी क्रूर होने लगते हैं। किसी के पास सबसे महंगी गाड़ी देखता है तो उस ओर मन बह जाता है। मन ही मन में यह भाव शुरू हो गया कि मेरे पास यह गाड़ी कब होगी, कैसे मैं सेविंग करूँ या कैसे कार लोन लूँ। देखना तो हुआ पहला कदम लेकिन देखने के बाद भावों की यात्रा किस प्रकार शुरू होती है हमें यह समझना है। इसका अर्थ यह नहीं है कि आँखों के कारण ही पाप होता है। आँखें तो सिर्फ एक माध्यम है, असल में पाप तो मन के माध्यम से होता है।

कभी-कभी बहुत ज्यादा बीमार होने पर, शरीर में बहुत वेदना होने पर या अधिक भूख प्यास लगने पर या तामसिक भोजन कर लेने पर, कोई नशीली वस्तु का सेवन करने पर हमारे भाव अपने ही शरीर के लिए खराब होने लगते है। बाहर से हम अपने शरीर में किस प्रकार का भोजन ग्रहण करते हैं इससे हमारे मन के परिणामों पर बहुत प्रभाव पड़ता है। अगर हम शुद्ध सात्विक भोजन का सेवन करते हैं तो हमारा मन भी शांत रहता है। इसका अर्थ है कि अगर हम अपने भावों को संभालना चाहते हैं तो हमें अपने शरीर पर भी ध्यान देना होगा।

अगर हमारे भाव हमारे कंट्रोल में नहीं आ रहे हैं तो हम यह भी चेक करें कि हमारी संगति कैसी है? हमारी संगति का हमारे भावों पर विशेष प्रभाव पड़ता है। जैन शास्त्रों में यह समझाने के लिए एक उदाहरण आया है—बारिश की बूँद जब सर्प के मुख में गिरती है तो वह विष के रूप में परिवर्तित हो जाती है, वही बूँद नीम के पेड़ की जड़ में मिलती है तो कड़वी हो जाती है,

गन्ने के खेत में गिरती है तो मीठी हो जाती है, सीप में गिरती है तो मोती बन जाती है और अगर मिट्टी में गिरती है तो कीचड़ बन जाती है। इसी प्रकार हम जिनके बीच रहते हैं वह हमारे व्यक्तित्व को प्रभावित करते हैं और एक समय के बाद हमारे भाव भी उन्हीं जैसे हो जाते हैं।

हमें जीवन में एक ऐसा लाइव रोल मॉडल अवश्य बनाना चाहिए जिसका जीवन स्वयं व्यवस्थित हो। जब हम सामने से उन्हें वह आचरण करता हुआ देखेंगे तो उसका सबसे गहरा प्रभाव हमारे जीवन पर पड़ेगा।

मुख्यतः ये तीन कारण हमारे भावों को प्रभावित करते हैं—द्रव्य, क्षेत्र और काल। जो भी बाहरी वस्तु अथवा व्यक्ति हमारे भावों को प्रभावित करते हैं, वे सब द्रव्य के अंतर्गत आते हैं। ये कैसे प्रभावित करते हैं, वह हमने ऊपर समझ लिया है।

क्षेत्र का भी हमारे भावों पर बहुत प्रभाव पड़ता है। जिस क्षेत्र में पॉजिटिव वाइब्रेशंस होती हैं, वे हमारे भावों को अच्छा बनाने में सहयोगी होती हैं। जैसे मंदिर की सकारात्मक ऊर्जा के प्रभाव से हमारे भावों में अपने आप ही शांति आने लगती है परंतु यदि हम किसी नकारात्मक ऊर्जा वाले क्षेत्र में जाएँगे तो वहाँ हमारे भाव अपने आप ही खराब होने लगते हैं।

अगर हम कहीं शांति से बैठकर अपना कोई कार्य कर रहे हैं और बराबर में दो लोग आकर लड़ने लगें, आपस में गलत भाषा का प्रयोग करने लगें, राग-द्वेष आदि की चर्चा करें तो फिर हमारे भाव कहीं ना कहीं विचलित होने लगेंगे। हम जो कार्य कर रहे थे उसे ठीक प्रकार से नहीं कर पाएँगे क्योंकि उस क्षेत्र में उन लोगों के माध्यम से नकारात्मक ऊर्जा फैल गई। ऐसा होने पर तुरंत वह स्थान छोड़कर कहीं और चले जाएँ, गहरी सांस लें और ओंकार का उच्चारण करने लगें, इससे सकारात्मक भावनाओं का संचार होगा ।

कभी-कभी क्षेत्र को बदलना हमारे हाथ में नहीं होता। उदाहरण के लिए, अगर किसी के घर के सामने कचरा डालने का स्थान बन जाए और दिन भर वहाँ से घर में दुर्गंध आती रहे तो भी उस नकारात्मकता के कारण व्यक्ति के भावों में परिवर्तन आएगा। इस स्थिति में या तो उस कचरे के स्थान को

बदलकर उसकी जगह पर फुलवारी बनाई जा सकती है या फिर घर बदला जा सकता है परंतु कभी-कभी यह दोनों कार्य करना ही असंभव होते हैं, तो ऐसे में क्या करें?

अगर हम सामने वाली स्थिति को नहीं बदल सकते तो हमें अपनी स्थिति को ही बदलना होगा। ऐसे में घर की एनर्जी को बदलने का प्रयास किया जा सकता है, जैसे घर में इष्ट प्रभु की और गुरु की तस्वीर लगाई जा सकती है, सुन्दर पौधे लगाए जा सकते हैं, दुर्गन्ध दूर करने के लिए अगरबत्ती जलाई जा सकती है परंतु इसके बाद भी हमें अपने भावों को संभालने के लिए अपने मन पर ही नियंत्रण रखना होगा।

यह उदाहरण सिर्फ घर के लिए नहीं बल्कि जीवन में अन्य कारणों पर भी लगाना है जैसे अगर ऑफिस में या घर में कोई ऐसा क्रूर स्वभाव वाला व्यक्ति मिल जाए जिसके कारण बार-बार हमारे भाव ख़राब होते हैं तो हम उसे नहीं बदल सकते बल्कि हमें अपने भीतर ही बदलाव लाना होगा, अपनी एनर्जी को ही पॉजिटिव करना होगा जिससे हम उस व्यक्ति से अप्रभावित रह सकें।

काल का भी हमारे भावों पर बहुत गहरा प्रभाव पड़ता है। किसी विशेष काल में हमारे भाव अच्छे पैदा होते हैं और किसी विशेष काल में भाव अपने आप विचलित होने लगते हैं। मनोचिकित्सकों के अनुसार जब अमावस्या अथवा पूर्णिमा आती है तो कुछ लोगों के भाव स्वतः ही खराब होने लगते है, उन्हें अधिक क्रोध आने लगता है अथवा वे अधिक चिड़चिड़े हो जाते हैं, भाव अचानक गिरने लगते हैं। उनके अनुसार पूर्णिमा को चंद्रमा की किरणों का प्रभाव व्यक्ति के दिमाग पर पड़ने लगता है, समुद्र में भी ज्वार भाटा उठने लगता है इसलिए जैन शास्त्रों में कहा है कि चतुर्दशी के दिन धर्म ध्यान करना चाहिए, उपवास अथवा एक समय भोजन करना चाहिए; फल-सब्जी का सेवन नहीं करना चाहिए क्योंकि उन दिनों में हमारे शरीर में जल तत्व बढ़ जाता है और इन सब अभ्यासों से शरीर में वह जल तत्व बैलेंस हो जाता है।

यह तो वो कारण हैं जो बाहरी ग्रह-नक्षत्र आदि से प्रभावित हैं परंतु कभी-कभी किसी विशेष समय पर भी भाव अपने आप बदलने लगते हैं। जैसे रात

के समय व्यक्ति के परिणाम खराब होने की संभावना अधिक रहती है और ब्रह्म मुहूर्त में व्यक्ति के परिणाम अपने आप निर्मलता की ओर आने लगते हैं। ऐसा इसलिए होता है क्योंकि जितने भी पाप संसार में होते हैं वे अधिकतर रात के अंधकार में ही होते हैं और ब्रह्म मुहूर्त में चारों ओर सकारात्मक वर्गणाएँ फैल जाती हैं क्योंकि इस समय सब साधु-संत ध्यान करते हैं, मंत्र आदि की माला फेरते हैं, पुण्य क्रियाएँ करते हैं।

अब हमें यह अध्ययन करना है कि किस काल विशेष में हमारे परिणाम अधिक खराब होते हैं, किस कारण से खराब होते हैं। जिससे वैसा काल आते ही हम खुद को संभालने के लिए ऐसी जगह चले जाएँ जहाँ का वातावरण सकारात्मक हो या ऐसे लोगों के साथ रहें जो अच्छे चरित्रवान हों, अथवा कुछ ऐसा सकारात्मक सुनें जो हमें मोटिवेट करे, जैसे प्रवचन आदि। जब काल हमारे लिए विपरीत हो तो हम अपना क्षेत्र बदल दें, अपने आसपास के वातावरण को बदल दें।

जो हमेशा जागृत रहेगा उसके जीवन में अधिक दुर्भाव आएँगे ही नहीं और अगर आएँगे भी तो वह तुरंत पहचानकर उन्हें सुधार देगा। अचानक कुछ ऐसी परिस्थिति बन जाए कि हम अपने भावों को न संभाल पाएँ, यह अलग बात है परंतु जो हमारे हाथ में है हम उसे तो संभाल सकते हैं।

अभ्यास 1

स्वयं को देखें	WATCH YOURSELF:
अपने शब्दों पर विचार करें	W- WATCH YOUR WORDS
अपनी क्रियाओं पर विचार करें	A- WATCH YOUR ACTION
अपनी मन में आ रहे विचारों पर गौर करें	T- WATCH YOUR THOUGHTS
अपनी संगति पर विचार करें	C- WATCH YOUR COMPANY
अपनी आदतों पर विचार करें	H- WATCH YOUR HABITS

जब हम जागृति की बात करते हैं तो हमें हर चीज़ के लिए जागृत रहना होगा। हम अपने शब्दों को चेक करें, अपनी क्रियाओं को देखें, अपने विचारों

का अध्ययन करें, अपनी संगति को देखें, यह देखें कि अधिकतर समय हम किस प्रकार के लोगों के बीच रहते हैं, अपनी आदतों को चेक करें, देखें कि हम दिनभर क्या करते हैं। जो व्यक्ति यह अभ्यास करेगा वह सजग रहेगा और इससे यह लाभ होगा कि वह अपने भावों को कंट्रोल कर पाएगा।

अभ्यास 2

दिनभर में यह देखें कि हम अपने मन को किस प्रकार का भोजन दे रहे हैं। हम किस प्रकार के दृश्यों को देख रहे हैं, किस प्रकार की चीजों को छू रहे हैं, कैसा भोजन करते हैं, किस प्रकार के स्वाद को अधिक पसंद करते हैं, किस प्रकार की सुगंधी को नासा से सूंघ रहे हैं, किस प्रकार की बातें सुन रहे हैं, और फिर अपने मन के भावों का अध्ययन करें। हम अधिकतर समय कुछ अच्छे प्रवचन या मोटिवेशनल विडियो सुनते हैं या मूवी के सॉन्ग सुन रहे हैं। इन सब से हमारा मन किस प्रकार प्रभावित होता है। हर स्थिति में अपने भावों का भी अध्ययन करें। जब रात के अंधेरे में हम अकेले होते हैं तो हमारी स्मृति किन-किन विचारों को हमारे समक्ष रखती है। अब अगर हमारी स्मृति में ही कुछ गलत बातें बैठी हैं तो हमें अच्छी बातों के माध्यम से उसे ठीक करना होगा।

अभ्यास 3

सूची बनाएँ कि कब-कब, किन परिस्थितियों में, किन कारणों से, कितनी तीव्रता को लेकर हमारे भाव विचलित होते हैं और दिनभर में कितनी बार होते हैं? क्या वह कारण इतने महत्त्वपूर्ण थे जिन्होंने हमारे भावों को विचलित किया अथवा हमने बेवजह ही उन्हें अपने मन में इतना महत्त्व दिया हुआ है? देखें कि क्या हमने उन कारणों के मिलने पर स्वयं को संभालने का प्रयास किया या हम सहजता से उन दुर्भावों के साथ बह गए?

मेरे विचार मेरे परम मित्र हैं।
मुझमें शुभ भावों का संचार हो रहा है।
मैं अपनी इन्द्रियों का सही उपयोग करता हूँ।
बाहरी कोई भी वस्तु और व्यक्ति मुझे विचलित नहीं कर सकते।
मैं अपनी भावनाओं के प्रति हर पल जागृत रहता हूँ।
मैं हर दिन बेहतर हो रहा हूँ।

खंड 3

निडर मन से मज़बूत जीवन बनाएँ

11

तनाव : मन का अदृश्य बोझ

जीवन में हमें कई प्रकार के तनाव होते हैं, जैसे ऐसे किसी व्यक्ति का संयोग मिल जाए जिससे हमारा मन नहीं मिल रहा अथवा हम बेटे को सुधारना चाहते हैं पर वह हमारी नहीं सुनता तो उसके भविष्य की चिंता लगी रहती है। आज तो सब ठीक चल रहा है परंतु कल मुझे कोई बीमारी न हो जाए अथवा भविष्य में मेरा क्या होगा यह सोचकर हम चिंतित रहते हैं। जैसे वह मकड़ी जीवन भर जाल बुनती है पर फिर अपने ही द्वारा बनाए गए जाल में फंसकर मर जाती है, इसी प्रकार व्यक्ति पूरा जीवन इसी उधेड़बुन में निकाल देता है और अंत में अपनी चिंताओं के साथ ही मर जाता है।

जो बीत चुका है उसके बारे में चिंता करने से कोई खास परिणाम नहीं निकलेगा सिवाय इसके कि हम अपनी मानसिक और शारीरिक सेहत को खराब कर लें। बीते हुए पल को हम बदल नहीं सकते और भविष्य का अच्छा होना भी इस बात पर निर्भर करता है कि हम आज अपनी जिंदगी कैसे बिता रहे हैं। अपनी गलतियों से सीखकर अपनी मंजिल तय करना और फिर आगे बढ़ना ही जीवन है।

जब किसी अनिष्ट (विपरीत स्वभाव वाले) व्यक्ति का साथ मिलता है या हम किसी ऐसी परिस्थिति में फंस गए है जिसमें हमें अच्छा नहीं लग रहा तो हम या तो उससे दूर होने का प्रयास करते हैं या फिर उसको अपने से दूर करने

का प्रयास करते हैं अथवा हम उसे अपने अनुसार बदलना चाहते हैं। अर्थात हम उस परिस्थिति का सामना करने की बजाय सत्य से दूर भागना चाहते हैं परन्तु अगर कोई परिस्थिति हमें मिली है तो हमें उसका सामना करना आना चाहिए ना कि उससे दूर भागना चाहिए। परिस्थिति से दूर भागना बिल्कुल पेन किलर लेने जैसा होता है कि हमारे भीतर वह घाव बना है परंतु हम उस ओर ध्यान नहीं देना चाहते, इसलिए उस दर्द को दबा देते हैं। सही समाधान तो तब होगा जब हम घाव पर सही दवा लगा कर उसे ठीक कर देंगे। इसके लिए जैन शास्त्रों में एक बहुत अच्छा उपाय आया है। हम अपनी दृष्टि निमित्त आधीन नहीं, अपितु उपादान प्रधान रखें। इसे एक कहानी के माध्यम से समझते हैं।

एक बार किसी राज्य के राजा को एक विचित्र बीमारी हो गई जिससे वह बहुत परेशान रहने लगा। सभी ने दूर-दूर से बड़े नामी वैद्यों को बुलाकर राजा को दिखाया लेकिन राजा की बीमारी का कोई इलाज नहीं मिला। कुछ दिन बाद एक वैद्य आए जिन्होंने कहा कि उनके पास इस बीमारी का इलाज है। उन्होंने राजा का निरीक्षण किया और बताया कि राजा को सिर्फ हरा दृश्य दिखाना है, उन्हें हर जगह मात्र हरा रंग दिखना चाहिए; राजा की आँखें जितना अधिक हरे रंग को देखेंगी, उतना ही जल्दी वह स्वस्थ होंगे।

मंत्री ने तभी पूरे महल को हरे रंग से रंगवा दिया। अब राजा जब रथ में बैठकर महल से बाहर निकलते तो रास्ते में जितने भी घर पड़ते हैं, उन सबको हरे रंग से रंगने का आदेश जारी हो गया। रंग-रोगन कराने के लिए सभी को राजकोष से धन भी दिया गया जिसमें राज्य का बहुत खर्चा हो गया। एक दिन फिर राजा जब महल से निकले तो भूल से रास्ता बदलने पर उन्हें एक लाल रंग का मकान दिख गया जिससे राजा बहुत विचलित हो गए। जैसे-जैसे और समय बीतता गया तो जब भी राजा महल से बाहर निकलते, उनकी आँखों के सामने कुछ ना कुछ ऐसा आ जाता जो हरे रंग का नहीं होता। इससे राजा बहुत परेशान रहने लगे। मंत्री को भी यह एहसास हुआ कि हर चीज को हरे रंग से रंगना सरल नहीं है। अब सबके समक्ष यह एक नई समस्या खड़ी हो गई। यह देखकर राज्य में रहने वाला एक समझदार बच्चा राजा के पास आया

और बोला कि मेरे पास इसका एक सस्ता और सरल सुझाव है जिससे आपको किसी को हरे रंग में रंगने की कोई आवश्यकता नहीं होगी परंतु फिर भी राजा को सब कुछ हरा ही दिखेगा। सभी लोग बहुत आश्चर्यचकित हो गए कि जब बड़े-बड़े लोग भी कोई उपाय नहीं निकाल पाए तब यह छोटा सा बच्चा क्या उपाय निकालेगा। बच्चे ने बहुत समझदारी से कहा कि क्यों न राजा को ही एक हरा चश्मा पहना दिया जाए जिससे उन्हें सब कुछ हरे रंग का ही दिखेगा और बाहरी सभी वस्तुएँ हरा करने की जरूरत भी नहीं पड़ेगी।

पहली परिस्थिति में मंत्री ने इलाज तो किया परंतु इसमें कोई गारंटी नहीं थी कि राजा को हर जगह हरा रंग ही दिखेगा। इसे निमित्त आधीन दृष्टि कहते हैं अर्थात हम दूसरों को, बाहरी परिस्थितियों को अपने अनुसार बदलना चाहते हैं परंतु हमें यह समझना चाहिए कि हम पूरी दुनिया को अपने अनुसार नहीं बदल सकते। बजाय इसके अगर हम अपनी आँखों को ही ठीक कर लें तो हमें सारी दुनिया उसी रंग में नजर आएगी जिस रंग में हम उसे देखना चाहते हैं और इसे कहते हैं उपादान प्रधान दृष्टि अर्थात हम अपनी ओर दृष्टि लाएँ, स्वयं की योग्यता को सुधारें, उस परिस्थिति को अपने ही कर्म का उदय या अपना ही भाग्य मानकर स्वीकार करें।

हमें यह समझना चाहिए कि हम किसी दूसरे व्यक्ति को नहीं बदल सकते। बहू न ही सास को बदल सकती, न अपने पति को, सबका अपना-अपना स्वभाव होता है, सबके सोचने की अपनी-अपनी क्षमता होती है। हम सबको नहीं बदल सकते, सिर्फ स्वयं को ही बदल सकते हैं। अगर हम सामने वाले की जगह खड़े होकर उनके दृष्टिकोण से देखने की कोशिश करें तो आधी परेशानी तो वहीं समाप्त हो जाएँगी।

जीवन में जो भी विपरीत परिस्थितियाँ हमें मिलीं, हमने हमेशा उनसे भागने की कोशिश की, टेंशन से खुद को परेशान किया परन्तु उससे भी कुछ नहीं हुआ। हमें यह समझना चाहिए कि सब कुछ हमारे हाथ में नहीं होता। क्या आज तक आपने जो सोचा वह सब आपको मिला? नहीं, क्योंकि इसी का नाम जीवन है। हमें पुरुषार्थ तो पूरा करना है परंतु जब बहुत मेहनत करने

के बाद भी हमें वह प्राप्त नहीं हो रहा जो हम चाहते हैं अथवा स्थिति नहीं बदल रही तो हमें उसे स्वीकार लेना चाहिए। वह पुरुषार्थ भी हम एक सीमा तक ही कर सकते हैं पर अगर तब भी कोई बदलाव नहीं आ रहा है तो समझें कि हमारे भाग्य अथवा कर्म में ऐसा ही लिखा था। उसके बाद चिंतित होने से कोई लाभ नहीं होगा।

अपने बच्चों के लिए भी माता-पिता एक सीमा तक ही सुधारने का प्रयास कर सकते हैं परन्तु उसके बाद बच्चों का अपना भाग्य और अपना पुरुषार्थ ही काम करता है। चक्रवर्ती का पुत्र कभी चक्रवर्ती नहीं बनता, तीर्थंकर का पुत्र कभी तीर्थंकर नहीं बनता जबकि उनके पास किसी प्रकार के साधनों की कोई कमी नहीं होती। बच्चे अपनी खुद की योग्यता से ही आगे बढ़ते हैं। हम मात्र उन्हें रास्ता दिखा सकते हैं परंतु चलना उन्हें स्वयं अपने ही पैरों से होगा।

जब हम यह सोचकर चिंतित होते हैं कि आज का अच्छा वक्त कल बीत सकता है, तो हमें यह भी समझना चाहिए कि बुरा वक्त भी एक दिन बीत जाएगा, वह भी अस्थाई है, सदा के लिए रहने वाला नहीं है।

एक राजा अपने गुरु के पास गया और गुरु से कहा, "गुरुदेव मेरा राजपाट बहुत अच्छा चल रहा है, मुझे कोई परेशानी नहीं है लेकिन मुझे भविष्य की चिंता हमेशा सताती रहती है कि कहीं पड़ोसी राजा आक्रमण ना कर दे। मुझे कोई ऐसा सूत्र या मंत्र दे दीजिए ताकि मैं भविष्य के प्रति भी आश्वस्त हो जाऊँ। मेरे जीवन में ऐसा कुछ घटित ही न हो और घटित हो तो मैं उसका सामना बहुत अच्छी तरीके से कर पाऊँ।" गुरु महाराज ने कहा, "ठीक है, मैं तुम्हें एक ताबीज देता हूं। इस ताबीज को हमेशा अपने पास रखना। यह ताबीज बहुत महत्त्वपूर्ण है और इसमें जो मंत्र लिखा हुआ है, वह तुम्हारी रक्षा करेगा। खासकर उन दिनों में जब तुम्हें यह लगे कि तुम्हारे पास कुछ नहीं बचा, जब तुम्हें रोशनी की कोई किरण नजर नहीं आ रही हो तब यह मंत्र तुम्हें राह दिखाएगा। शर्त इतनी ही है कि इस ताबीज में रखे हुए इस मंत्र को अभी खोलकर मत देखना अभी देखोगे तो यह काम नहीं करेगा।" यह सुनकर राजा ने राहत की सांस ली।

कुछ वर्ष अच्छी तरह बीते लेकिन एक दिन अचानक पड़ोसी राज्य के आक्रमण के कारण उस राजा की पराजय हुई और वह भटकते-भटकते एक गुफा में जा पहुँचा। इस परिस्थिति में उसे गुरुदेव का मंत्र याद आया, उसने ताबीज खोला और गुरु का मंत्र पढ़ा। मंत्र था-- "यह वक्त भी बीत जाएगा।" इस पंक्ति को पढ़कर राजा के मन में इच्छाशक्ति और प्रेरणा का संचार हुआ और उसने नए सिरे से तैयारी शुरू की। उसने फिर से अपनी शक्ति बटोरकर पड़ोसी राज्य पर आक्रमण करके अपना खोया हुआ राज्य फिर से पा लिया।

जीवन में परेशानी तब शुरू होती है जब हम यह सोच अपनाते हैं कि हमारा जीवन हमेशा एक जैसा खुशियों से भरा होना चाहिए, हमें कोई कष्ट, कोई परेशानी, कोई बीमारी नहीं होनी चाहिए। हमारी यह सोच ही गलत है क्योंकि यह असंभव है।

जैसे हम सड़क पर किसी लम्बी यात्रा के लिए निकलते हैं तो वहाँ मोड़ भी आते हैं, चौराहे भी आते हैं, गलत रास्ता ले लेने पर हमें यू-टर्न भी लेना पड़ता है। कभी हमें कम तो कभी ज्यादा ट्रैफिक भी मिलता है, कभी स्पीड ब्रेकर हमारी गति को कम कर देते हैं, तो कभी हम जाम में फंस जाते हैं या रेड लाइट के कारण कुछ समय के लिए हमें रुकना पड़ता है परन्तु इतना सब मिलने पर भी हम घबराते नहीं क्योंकि हम जानते हैं कि यह सब सफ़र का ही एक हिस्सा है। ठीक ऐसे ही हमारे जीवन का सफ़र होता है, कभी उतार तो कभी चढ़ाव, कभी मोड़, कभी यू-टर्न, ये सभी जीवन का हिस्सा हैं। इस सफ़र में रेड लाइट मिलने पर हम यह मान लेते हैं कि जीवन अब रुक गया है परन्तु हमें यह समझना चाहिए कि कुछ समय के बाद ग्रीन लाइट का आना भी निश्चित होता है। विभिन्न परिस्थितियाँ बस हमें कुछ नया सिखाने के लिए आती हैं, हमें उनसे वह सीख लेकर आगे बढ़ना है।

हम जिन भी भगवान की आराधना करते हैं, अगर उनकी जीवनी पढ़े तो हम पाएँगे कि उनके जीवन में भी बहुत कष्ट आए जिनका उन्होंने डटकर सामना किया और इसी कारण वह सभी के बीच एक आदर्श रूप

स्थापित हुए। जब भगवान भी परेशानियों से नहीं बच पाए तो हम कैसे बच सकते हैं।

यदि हम घटनाओं को साक्षी भाव से, बिना रिएक्शन दिए पूर्ण जागृति से मात्र देखने लगे और सकारात्मक सोच अपना लें तो हमारा दिमाग हमें नए रास्ते दिखाता है और हम खुद को संभाल कर उस रास्ते पर आगे बढ़ने की हिम्मत पैदा कर लेते हैं। जिस तरह किसी युद्ध को लड़ने के लिए हथियारों की जरूरत होती है, ठीक उसी तरह बुरी परिस्थिति का सामना करने के लिए भी हमें कोई आलंबन चाहिए, तो ऐसे में हमें उन लोगों के बारे में सोचना चाहिए जिन्होंने ऐसी परिस्थितियों का सामना बहुत सफलतापूर्वक और सकारात्मक तरीके से किया था। यदि ऐसा कोई माध्यम ना हो तो हम अपने भगवान को या अपने गुरु को याद कर सकते हैं। ऐसे समय में भक्ति काम आती है, मेडिटेशन भी काम आता है। हम अपने आप को इतना बड़ा बना लें कि मुश्किलें हमें छोटी लगने लगें। भगवान की भक्ति का आलंबन इसलिए बहुत बड़ा है क्योंकि जो होना है वह तो घटित होकर रहता है लेकिन उन परिस्थितियों का सामना करने का संबल हमें भक्ति देती है।

अधिकतर हम ऐसी समस्याओं को लेकर परेशान रहते हैं जो कभी हमारे जीवन में आएँगी ही नहीं, बस हम बार-बार उनके होने की कल्पना करके खुद को चिंतित करते हैं। समझने की कोशिश कीजिए, हम समस्याओं के लिए पहले से तैयारी करेंगे तो भविष्य के लिए खुद को सुरक्षित करेंगे परन्तु बार-बार सोचकर खुद को चिंतित करके मात्र अपने शारीरिक और मानसिक स्वास्थ्य को ख़राब करेंगे। हम छोटे थे तो हमारे दिमाग में बहुत सी चिंताएँ थी कि यदि यह हो जाएगा तो क्या होगा, वह हो जाएगा तो क्या होगा? पर जैसे-जैसे हम बड़े हुए, परिपक्व होते गए तो हमें समझ में आया कि जो चिंताएं हमने सोची थीं वैसा कुछ हुआ ही नहीं।

जीवन में तीन प्रसंग हो सकते हैं—पहला, हमारे जीवन में कोई समस्या ही नहीं है। जब कोई समस्या ही नहीं है तो फिर क्या घबराना। दूसरा, जीवन में समस्याएँ तो हैं परंतु हमारे पास समाधान भी है। जब समाधान है तो क्या

घबराना। तीसरा, जीवन में ऐसी समस्याएँ हैं जिनका कोई समाधान ही नहीं है। जब समाधान हमारे हाथ में है ही नहीं, वह हमारे बस से बाहर है, तो फिर क्या घबराना? इसलिए हमें हर हाल में प्रसन्न रहना चाहिए।

आइए एक अभ्यास करें (ईमानदारी से दें जवाब)

1. अपनी सभी चिंताओं को एक डायरी में लिखिए और देखें कि क्या यह चिंताएँ वास्तविक हैं या काल्पनिक?
2. विचारें कि क्या इनके समाधान आपके पास हैं या ये आपकी पहुँच से बाहर हैं?
3. क्या कोई ऐसा व्यक्ति आपके जीवन में है जिससे मिलकर आपका तनाव और चिंता खत्म हो जाती है?
4. क्या कोई ऐसा वाक्य है जो आपको हौसला रखने एवं कभी हिम्मत न हारने के लिए प्रेरित करता है?
5. क्या आपने कोई गुरु बनाया है जो कदम-कदम पर आपको मार्गदर्शन दे सके?
6. आपके जीवन में भगवान की भक्ति का कितना महत्त्व है?

यह वक्त भी बीत जाएगा।
मैं हर परिस्थिति में निश्चिंत हूँ।
मैं जानता हूँ कि जीवन सदैव परिवर्तनशील है।
मैं अतीत से मुक्त होता हूँ और जीवन में आगे बढ़ता हूँ।
मैं जीवन में सुख और शांति को चुनता हूँ।

12

मुफ्त को बैठे मारता डर

जाने-अनजाने में बहुत से डर हमें सताते रहते हैं जैसे असफलता का भय, आर्थिक नुकसान का भय, सामाजिक प्रतिष्ठा बिगड़ने का भय, भविष्य का भय, मृत्यु का भय, आकस्मिक भय आदि। आज जो मेरे पास है कल वह छूट न जाए, मेरी सुविधाएँ कम ना हो जाएँ, भविष्य में मेरा क्या होगा, मेरी अथवा मेरे किसी अपने की मृत्यु ना हो जाए, जो सफलता मैं पाना चाहता हूँ अगर वह नहीं मिली तो क्या होगा अथवा अचानक से कुछ होने पर भी व्यक्ति डर जाता है। कुछ लोगों को यह सोच भी डराती है कि मेरा कोई अपना नहीं है, कोई नहीं है जो मुझे बचा सके, मेरी रक्षा के लिए कोई सुरक्षित स्थान नहीं है। दुनिया में एक प्रचलित कहावत है कि अधिकतर लोग 20 वर्ष की उम्र में ही मर जाते हैं परंतु दफन 80 वर्ष में किए जाते हैं। सच यही है कि व्यक्ति अपने डर के कारण पल-पल मरता है।

यह विश्लेषण करना भी जरूरी है कि हमारे भीतर जो डर है वह कहीं हमारी गलत धारणा के कारण तो नहीं है। डर के कारण ही हम रस्सी को सांप समझने का भ्रम पाल लेते हैं। एक बार एक किसान गर्मी में अपने खेत में हल चला रहा था तभी उसने महसूस किया कि उसके पाँव पर किसी ने काटा है। तभी उसने एक चूहे को तेजी से भागते हुए देखा। उसने सोचा कोई फर्क नहीं पड़ता और फिर से काम में लग गया। इसी तरह काम करते-करते बरसात आ गई। बरसात

के कारण खेत में दलदल हो गया था, उसमें पानी भर गया था। सूर्यास्त हो गया था और किसान अपने घर लौटने की तैयारी में था तभी उसे पाँव पर किसी जीव के काटने का आभास हुआ, बहुत रोशनी नहीं थी इसीलिए ठीक से देखने के लिए उसने माचिस की तीली जलाई तो देखा कि एक पानी वाला सर्प तेजी से वहाँ से गुजर रहा था। पानी वाले सर्प को देखकर किसान इतना डर गया कि डर के मारे उसके प्राण ही निकल गए जबकि सच्चाई यह थी कि तब उसे चूहे ने काटा था जबकि दोपहर में उसे काटने वाला चूहा नहीं बल्कि सर्प था।

जब उसे सर्प ने काटा तो होना तो यह चाहिए था कि उसके शरीर में जहर फैल जाता और उसकी मृत्यु हो जाती, और यदि सर्प जहरीला नहीं भी होता तो वह डर के मारे मर सकता था लेकिन उसका आत्मविश्वास इतना ज्यादा था कि उस जहर का उस पर कोई असर नहीं पड़ा लेकिन दूसरी बार भले ही उसे चूहे ने काटा था लेकिन वह सांप के काटने के डर मात्र से ही बुरी तरह से घबरा गया और इसी घबराहट ने उसके प्राण ले लिए। ऐसा ही हमारे साथ होता है, हम उनसे डरते हैं जिनसे नहीं डरना चाहिए। जैसी हमारी सोच होती है, वैसे ही हमारा शरीर प्रतिक्रिया करता है इसलिए सांप का काटा किसान बच गया और चूहे का काटा किसान मर गया।

यदि हम डर से ऊपर उठना चाहते हैं तो हमें सर्वप्रथम इसके कारण को पकड़ना होगा। हमें डर तब लगता है जब हमारे मन में यह भाव आता है कि "मुझे कुछ हो न जाए", या "मुझसे 'कुछ' छूट न जाए" या जिसे पाना चाहते हैं वह वस्तु नहीं मिली तो क्या होगा। जब हम कुछ पाना चाहते हैं तो हमें उसके ना मिलने का डर सताता है या जब हम कुछ हमेशा के लिए अपने पास पकड़कर रखना चाहते हैं तो हमें उसके छूटने का डर सताता है। इसका कारण है हमारी अति आसक्ति और तृष्णा का भाव, यही हमारे डर के मूल कारण हैं। असल जीवन में व्यक्ति अपनी आसक्ति और तृष्णा को पूरी तरह खत्म नहीं कर सकता परन्तु इन्हें कम अवश्य किया जा सकता है।

मोह और डर साथ-साथ चलते हैं क्योंकि जिससे मोह है उसके छूटने का डर भी हमारे मन में अवश्य ही रहेगा। डर को जीतने के लिए सबसे पहले हमें

अपने मन में बैठे उस मोह के भाव को जीतना जरूरी है। मान लीजिए हम चौबीस घंटे की किसी यात्रा के लिए ट्रेन में बैठे हैं और वहाँ हमें कोई व्यक्ति मिलता है। हम उसके साथ बात करते हैं, टिफिन शेयर करते हैं, पर जब हम अपने गंतव्य पर पहुँच जाते हैं तो उस व्यक्ति का साथ छूटने पर हम दुखी नहीं होते क्योंकि हम जानते हैं कि उसका साथ इतना ही था। बस हमारे डर का यही सबसे बड़ा कारण कि यह सोच हम हर जगह लागू नहीं कर पाते। जब हम किसी से मिलते हैं, उसी संयोग के क्षण अगर हम वियोग देख लें तो यह डर नहीं सताएगा। ट्रेन में मिले उस व्यक्ति के लिए हमारे मन में पहले ही यह धारणा थी कि यह मुझसे एक समय पश्चात् अलग होने वाला है परन्तु जीवन में मिले भोग सामग्री अथवा रिश्तों के लिए हम वियोग की कल्पना भी नहीं कर पाते और इसीलिए वह हमसे दूर होते हैं तो हम व्याकुल हो जाते हैं।

भारत में एक ऋषि हुए हैं—भर्तहरी। उन्होंने एक शतक लिखा है जिसमें उन्होंने बताया कि दुनिया में जितने भी भय हमें सताते हैं उन सबसे ऊपर उठने का मात्र एक ही उपाय है और वह है कि हम अपने भीतर उस वैराग्य भाव को विकसित करें। जो कुछ भी हमें मिला है वह सब नाशवान है, कुछ भी अमर नहीं है, चाहे हम यह बात स्वीकारें या न स्वीकारें परन्तु जो कुछ भी हमें मिला है वह सब हमसे एक दिन छूटने ही वाला है तो फिर डरना क्यों?

आइए एक अभ्यास करें (ईमानदारी से दें जवाब)

1. उन वस्तुओं, व्यक्तियों और परिस्थितियों की लिस्ट बनाएं जिनसे आपको डर लगता है।
2. कौन सी वस्तुओं, व्यक्तियों और जानवरों से आपको डर लगता है जिनसे किसी तरह का नुकसान आपको नहीं पहुँच सकता।
3. जाने-अनजाने डर का सबसे बड़ा खामियाजा जो आपको कभी भुगतना पड़ा हो।

मैं निडर हूँ।
मैं आज में खुश रहना चुनता हूँ।
जो दिख रहा है वह सब कुछ अनित्य है, बस आत्मा नित्य है।
आत्मा कभी मरती नहीं इसलिए मैं सुरक्षित हूँ।
मेरे आस-पास सभी लोग सुरक्षित हैं।
मैं अपने सुन्दर जीवन के लिए आभारी हूँ।

13

रोग से पहले रोगी मन

एक और डर जो जीवन में हमें अक्सर सताता रहता है, वह है बीमारी का डर। हम भले ही बीमार हो या ना हो लेकिन यह डर हम पर इतना हावी हो जाता है कि हम शरीर के साथ-साथ सोच से भी बीमार होने लगते हैं। बीमार होने की स्थिति में जो किया जाना चाहिए, वह नहीं करते। हम तनाव में आकर अपनी स्थिति और खराब कर लेते हैं जबकि होना यह चाहिए कि हम बीमारी से बचाव की कोशिश करें और बीमारी होने पर उसके उपचार की कोशिश करें, अपने खान-पान को बदलें, अपने रूटीन को बदलें, तनाव से बचने की कोशिश करें और स्वास्थ्य की नियमित जाँच कराएँ।

आज हो रही बीमारियों में जीवन शैली तो एक कारण है ही, इसके साथ ही ज्यादातर बीमारियों का कारण होता है डर, तनाव, चिंता, क्रोध और नकारात्मक सोच। कुछ लोग बहुत अच्छी डाइट लेने के बावजूद भी कमजोर ही रहते हैं और कुछ सामान्य डाइट में भी काफी स्वस्थ रहते हैं, यह काफी कुछ हमारी मानसिकता पर निर्भर करता है।

सभी बीमारियों की शुरुआत मन से होती है, जैसी हम अपनी सोच बनाएँगे, वैसा ही हमारा शरीर हो जाएगा क्योंकि शरीर हमारी सोच के अनुसार प्रतिक्रिया करता है। जब हम किसी बीमारी के डर से खुद को भयभीत करते हैं तो हम उस बीमारी को अपनी ओर आकर्षित करते हैं। भविष्य में उसका होना

अथवा ना होना कुछ भी निश्चित नहीं था परंतु ऐसी विचारधारा को अपनाकर हम उसे निमंत्रण दे देते हैं।

भविष्य में जो होना होगा सो हो जाएगा, क्यों हम उसके बारे में सोचकर अपने आज को खतम कर लेते हैं? जीवन का 'आनंद' आज में जीने में है ना कि भविष्य को सोचकर डरने में। एक फिल्म आई थी आनंद जिसमें नायक को कैंसर था और उसे पता था कि छह महीने बाद उसकी मृत्यु होने वाली है पर उसके चेहरे पर शिकन भी नहीं आती। उसका कितना अच्छा भाव था कि छह महीने बाद तो मरना ही है तो मैं आज से ही क्यों मरूँ?

हमारे पॉजिटिव सोचने पर हमारा शरीर भी उसी तरह रिस्पांस देता है। ऐसा नहीं है कि सिर्फ पॉजिटिव सोचा जाए और ट्रीटमेंट नहीं लिया जाए पर यदि पॉजिटिविटी रखी जाए तो शरीर दोगुनी गति से ट्रीटमेंट के लिए सकारात्मक प्रतिक्रिया देता है।

जैन शास्त्रों में बताया गया है कि शरीर की बीमारी मन से शुरू होती है। जो मानसिक रूप से मजबूत साधक होते हैं, जो अपने सभी मनोविकारों को अपनी साधना से जीत लेते हैं, उनके शरीर में मल, मूत्र और पसीना पैदा ही नहीं होता। तीर्थंकर भगवान जो भी ग्रहण करते हैं, वह सब एनर्जी की उच्च सीमा तक पहुँच जाता है, कुछ भी व्यर्थ नहीं जाता, उनके शरीर से मल नहीं निकलता। अगर हम अपना शरीर और जीवन स्वस्थ बनाना चाहते हैं तो हमें अपनी सोच को स्वस्थ बनाना होगा।

जीवन में डर से छुटकारा पाने का सबसे अच्छा तरीका है कि हम ईमानदारी से सोचें कि जिस बात से हम डर रहे हैं, वह सच है भी कि नहीं। यह सोचने पर हम खुद आश्चर्यचकित रह जाएँगे कि हमारे अधिकतर डर आसपास की नकारात्मकता के कारण हम पर हावी हो रहे हैं, असल जीवन में उनका कोई अस्तित्व ही नहीं है। ऐसे में हमें अपनी सोच इस तरह की बनानी चाहिए कि हम सकारात्मक रहें, ठीक उसी तरह जैसे बाहर 45 डिग्री तापमान होने पर भी फ्रिज में रखी हुई आइसक्रीम नहीं पिघलती। इसी तरह हम अपने आप को उस इनसुलेटर की तरह बनाएँ कि बाहर की नकारात्मकता हम पर कोई प्रभाव ना डाल पाए।

मैं पूर्ण स्वस्थ हूँ।

मेरा मन मजबूत है।

मैं वास्तविकता को प्रेम पूर्वक स्वीकारता हूँ।

मैं अपने मजबूत शरीर के लिए आभारी हूँ।

मैं सुख पाने के योग्य हूं।

मेरा जीवन सकारात्मक रूप में बदल रहा है।

14
कोशिश से पहले ही हारता मन

कई बार हम जीवन में लक्ष्य का निर्धारण करते हैं उसकी प्राप्ति के लिए प्रयास करते हैं परन्तु साथ ही हमें असफलता का डर सताने लगता है। जब एक छोटा बच्चा चलना सीखता है तो वह कई बार गिरता है। गिरने पर वह बिना डरे पुनः उठता है और चलना शुरू कर देता है। जब हम बच्चे थे तो हमने भी इसी प्रकार चलना सीखा था। कई बार गलत उच्चारण करने के बाद हमने बोलना सीखा था, कई बार हाथ, कपड़े और चेहरा गन्दा करने के बाद भोजन करना सीखा था, सड़क पर गिरकर, चोट लगाकर हमने साइकिल चलाना सीखा था परन्तु आज जब बड़े हो गए तो खुद से यह उम्मीद करते हैं कि हम सब कुछ एक ही बार में निपुणता से कर लें। बचपन में हमें किसी प्रकार की असफलता का भय नहीं होता था, इसी कारण परिणाम से कोई अपेक्षा नहीं रखते हुए कोशिश करते थे और नतीजा यह कि हम जल्द ही नई चीज़ें सीख जाते थे। परन्तु समय के साथ जैसे-जैसे हम बड़े हुए तो हमने अपनी धारणा को लोगों के अनुसार बदल दिया। माता-पिता, रिश्तेदारों अथवा आस-पास के लोगों के बोलने से हमें इस बात से फर्क पड़ने लगा कि अगर हम असफल हो गए तो क्या होगा? हमें हमारा मनचाहा नहीं मिल पाएगा अथवा लोग मेरे बारे में क्या सोचेंगे और इसी कारण से हम अपनी पूरी क्षमता से मन लगाकर लक्ष्य की तैयारी नहीं कर पाते।

लोगों के बारे में विचार करके डरने से कुछ नहीं होगा। इसे एक कहानी के माध्यम से समझ सकते हैं। राजा अकबर ने बीरबल से कहा, "मैं एक ऐसे भोज का आयोजन करना चाहता हूँ जिससे राज्य के सभी लोग बहुत प्रसन्न हो जाएँ और मेरी बहुत प्रशंसा करें।" इस बात पर बीरबल कहता है, "राजा आप कितना भी अच्छे से अच्छा आयोजन लोगों के लिए कर लें परंतु लोग उसमें भी कोई ना कोई कमी अवश्य निकाल देंगे।" राजा अकबर कहते हैं, "ऐसा कैसे हो सकता है जब हम लोगों की हर सुख-सुविधा का ध्यान रखेंगे और उन्हें सम्मान सहित निशुल्क स्वादिष्ट भोजन कराएँगे, भोजन के बाद उन्हें एक उपहार भी देंगे तो फिर लोग हमारी बुराई क्यों करेंगे।" इस पर बीरबल ने कहा कि "आप कितना भी अच्छे से अच्छा लोगों के लिए कर दें परंतु वह फिर भी कोई एक कमी अवश्य निकाल देंगे।" राजा ने कहा, "चलो देखते हैं कि क्या होता है।"

राजा ने भव्य भोज का आयोजन किया और हर प्रकार के स्वादिष्ट व्यंजन बनवाए, लोगों की सभी सुविधाओं का ध्यान रखा गया, उनके स्वागत में प्रवेश द्वार पर कुछ दास-दासी को खड़ा किया गया जो लोगों पर फूल बरसा रहे थे। सभी लोगों को बहुत सम्मान के साथ भोजन कराया गया और फिर भोजन के पश्चात सभी को एक चांदी का सिक्का उपहार स्वरूप दिया गया। अकबर बहुत खुश था, उसे लगा कि अब तो सब लोग उसकी तारीफें ही करेंगे। आयोजन समाप्त होने के पश्चात जब अकबर बीरबल से पूछते हैं कि बीरबल लोगों की प्रतिक्रिया कैसी थी तब बीरबल बताते हैं कि कुछ लोग खुश थे, कुछ लोग सामान्य थे परंतु कुछ लोग यह कह रहे थे कि "राजा ने इतने बड़े भोज का आयोजन तो किया परंतु उपहार में मात्र चांदी का सिक्का ही दिया, इतने बड़े राजा को उपहार में कम से कम सोने का सिक्का तो देना ही चाहिए था।" फिर बीरबल अकबर को समझाता है कि "राजन अगर आप सबको सोने का सिक्का भी दे देते तब भी कुछ लोग यह कहते कि राजा को उपहार में हीरा देना चाहिए था। हम लोगों की सोच को नहीं रोक सकते, ना हम उन्हें बदल सकते, ना हम उनको कुछ कहने से रोक सकते। लोग कुछ ना कुछ तो कहेंगे ही, उनका काम है कहना।"

कुछ लोग सभा में सबके बीच प्रश्न पूछने से, सबके सामने बोलने से डरते हैं कि लोग क्या सोचेंगे। हमें यह निर्धारित करना चाहिए कि हम सामने वाले व्यक्ति को अपने जीवन में कितना महत्त्व देना चाहते हैं। क्या हम अपना जीवन उनके अनुसार बनाने के लिए तैयार हैं?

यदि हम लोगों के अनुसार चलें तो हम कभी चल ही नहीं पाएँगे। जब हम उनके लिए अधिक समय निकालेंगे तो वह समझेंगे कि हम तो खाली रहते हैं, हमें कुछ काम ही नहीं है और जब हम उन्हें समय नहीं देंगे तो भी वह शिकायत करेंगे कि हम उनके लिए समय ही नहीं निकालते। जब दुनिया ने महावीर भगवान को नहीं छोड़ा, रामजी को नहीं छोड़ा, आज उनकी बुराई करने वाले भी कई लोग मिल जाएँगे तो वह हमें कैसे छोड़ देंगे? हमें जीवन में उन्हीं लोगों की बात सुननी चाहिए जिन्होंने खुद कुछ हासिल किया है अथवा जो हमारे हितैषी हैं, हमारा अच्छा सोचते हैं, हमें सही राह दिखा रहे हैं, हमारे गुरु अथवा माता-पिता।

जब भी परीक्षा में असफलता का डर सताए या किसी इंटरव्यू से पहले डर लगे तो सोचना चाहिए कि अधिक से अधिक क्या बुरा हो सकता है। हम परीक्षा में फेल हो सकते हैं, या इंटरव्यू क्लियर नहीं कर पाएँगे परन्तु इससे हमारा जीवन तो समाप्त नहीं होगा। हम फिर से एक नई उमंग से तैयारी करेंगे और फिर सफलता प्राप्त कर लेंगे परन्तु यदि हम डरते रहेंगे तो हम पहले ही हार जाएँगे। परीक्षा के समय जो विद्यार्थी डरता है उसे जो याद होता है वह भी भूल जाता है।

अगर बार-बार प्रयास करने पर भी सफलता नहीं मिल रही तो इसका अर्थ है कि भाग्य में हमारे लिए कुछ और बेहतर लिखा है। शांति से सोचने पर हमें वह रास्ता दिखेगा और हम उसपर आगे बढ़ पाएँगे परन्तु अगर डरेंगे तो अभी जो हमारे पास है उसे भी खो देंगे इसलिए डरना कभी भी परेशानी से बचने का रास्ता होता ही नहीं है।

आज ऐसे कई व्यक्तियों के उदाहरण देखने को मिलते हैं जिन्होंने जीवन में कई बार असफलता का सामना किया परन्तु फिर जब मेहनत की तो जीवन में बहुत अधिक ऊंचाइयों को हासिल किया। थॉमस अल्वा एडिसन को बल्ब का आविष्कार करने में हज़ारों बार असफलता मिली। उनके रिकॉर्ड

के मुताबिक वे 2,774 बार असफल रहे, पर उन्होंने हार नहीं मानी और आखिरकार उन्होंने बल्ब का आविष्कार कर दिखाया। असफलता कभी भी जीवन का अंत नहीं होता बल्कि हर असफलता हमें कुछ नया अनुभव देकर जाती है और हर अनुभव हमें आगे बढ़ने में मदद करता है। जिस व्यक्ति का जीवन एकदम सीधा सरल होता है वह कभी ऊँचाइयों को नहीं छू सकता, ऊँचाइयों तक वही पहुँचता है जो बार-बार गिरकर भी उठना जानता है।

ईमानदारी से करें अभ्यास

आँख बंद करके बैठ जाइए और याद कीजिए वो पल जब आपने किसी असफलता का सामना किया था। उस पल आपको कैसा महसूस हुआ था? लोगों की क्या प्रतिक्रिया थी? क्या आज आपको उस प्रतिक्रिया से कोई प्रभाव पड़ता है? सोचिए कि उस असफलता में आपने क्या नया सीखा?

मैं सफलता पाने के योग्य हूँ।
मैं भाग्यवान हूँ।
हर प्रकार की समृद्धि मुझ तक आती है।
मेरे लिए हर जगह सुनहरे अवसर मौजूद हैं।
जीवन में मुझे जो कुछ भी मिला है मैं उसके लिए आभारी हूँ।
मेरा जीवन सकारात्मक रूप में बदल रहा है।

15
डर को जीतने का उपाय

स्वामी विवेकानंद के जीवन की एक बहुत अच्छी कहानी आती है। जब वह छोटे थे तो उनके पीछे कुत्ते पड़ गए और वह उनसे डरकर भागने लगे। जितना-जितना स्वामी विवेकानंद भागते, उतनी ही तेजी से कुत्ते उनके पीछे भागते। दूर खड़ा एक व्यक्ति यह सब देख रहा था। वह विवेकानंद जी से बोला कि आपको भागने की आवश्यकता नहीं है, आप जहाँ हो बस वही खड़े हो जाओ। जैसे ही विवेकानंद जी उसकी बात मानकर शांति से खड़े हुए, वैसे ही जो कुत्ते उन्हें दौड़ा रहे थे वे भी शांत खड़े हो जाते हैं। स्वामी जी ने महसूस किया कि जैसे ही उन्होंने कुत्तों से डरना बंद किया और शांत होकर उनकी आँखों में देखा तो कुत्तों ने उन्हें डराना बंद कर दिया और थोड़ी देर बाद इधर-उधर चक्कर लगाकर वे वापस लौट गए।

डर भी हमारे जीवन में बिल्कुल उन कुत्तों की भांति है। जितना हम डरेंगे, उतना ही वह डर हमें डराएगा। अगर हम अपने डर को जीतना चाहते हैं तो हम शांति से सिर्फ अपने डर को देखना सीखें, बिना डरे उसका सामना करना सीखें, ऐसा करने पर वह डर हमसे डरकर भाग जाएगा।

पहला उपाय

डर से बचने का उपाय है—face it fearlessly। व्यक्ति अगर तैरना सीखना चाहे तो वह कभी भी किताब पढ़ कर नहीं सीख सकता, उसके लिए उसे पानी में कूदना ही होगा। जिस प्रकार पानी के डर को जीतने के लिए पानी में कूदना ही होता है, उसी प्रकार हमारे डर को जीतने के लिए हमें निडरता से उसका सामना करना ही होगा।

अभ्यास

आँख बंद करके बैठ जाएँ और सोचें कि आपको किस कार्य को करने से डर लगता है? वह माइक पर बोलने का डर हो सकता है या गाड़ी चलाना सीखते समय लगने वाला डर हो सकता है या अँधेरे में जाने से लगने वाला डर हो सकता है आदि-आदि। अब खुद को वह कार्य कुशलतापूर्वक करते हुए देखें। एक गहरी सांस के साथ उस डर को अपने से बाहर जाता हुआ देखें।

दूसरा उपाय

अच्छी परिस्थितियों के लिए तो हम हमेशा तैयार रहते हैं परंतु बुरी परिस्थितियों के लिए हम हमेशा नकार वाला मनोभाव रखते हैं और इसका यह परिणाम होता है कि जब कोई विपत्ति आती है तो हमें एकदम धक्का लगता है। हमें यह पहले ही सोचना चाहिए कि अधिक से अधिक हमारे साथ क्या गलत हो सकता है। यह एक नकारात्मक मानसिकता नहीं है बल्कि ऐसा सोचने पर हम पहले से अपने मन को मजबूत बना पाएँगे और विपत्ति आने पर एकदम घबराएँगे नहीं।

एक समझदार व्यक्ति जीवन में हमेशा हर परिस्थिति के लिए तैयार रहता है। हम सभी अपना जीवन बीमा भी इसलिए कराते हैं क्योंकि हम जानते हैं कि कभी भी कुछ भी हो सकता है परन्तु फिर भी मन इस बात को स्वीकारता नहीं है। इसे एक उदाहरण से समझते हैं। अगर आप शांत कमरे में बैठे हैं और आपके पीछे से कोई अचानक आकर आपको छुए तो आप डर जाएँगे।

अब एक दूसरी परिस्थिति जिसमें आपने पहले ही उस व्यक्ति की परछाई को अपनी ओर आते हुए देख लिया था। अब जब वह व्यक्ति आपको पीछे से अचानक छूएगा तो आप डरेंगे नहीं क्योंकि आप पहले ही यह जान गए थे कि पीछे से कोई आ रहा है।

यदि हम अपने भविष्य में होने वाली घटनाओं के लिए पहले ही तैयार हो जाएँ तो भविष्य में उनके आने पर हमें अधिक डर नहीं लगेगा। क्यों हम यह पहले ही नहीं मानकर चलते कि बेटा बुढ़ापे में हमें अकेला छोड़कर जा सकता है, शादी के बाद पति अथवा पत्नी का व्यवहार हमसे विपरीत हो सकता है, भविष्य में व्यापार में नुक्सान हो सकता है, अथवा हमें कोई बीमारी हो सकती है। पहले से ही सोच लेने से हम भविष्य के लिए खुद को तैयार कर पाएँगे और ऐसी कोई परिस्थिति बनने पर हम अवसाद में नहीं जाएँगे।

तीसरा उपाय

हम यह मानकर चलें कि यदि कुछ बुरा घटित होता है तो वह भी हमेशा के लिए नहीं रहेगा और कुछ अच्छा घटित होता है तो वह भी स्थायी नहीं रहेगा, यानी बुरे में अच्छे की कल्पना और अच्छे में बुरे की कल्पना दोनों ही हमें पहले से कर लेनी चाहिए।

एक सिद्धांत आता है आकर्षण का सिद्धांत (Law of attraction) यानी जैसा हम सोचते हैं वैसा ही हम आकृष्ट करते हैं। जिस प्रकार के विचार हमारे मन में पैदा होने लगते हैं उसी प्रकार की वर्गणाओं को हम अपने चारों ओर आकर्षित करते हैं और उसी प्रकार की परिस्थितियों का हम अपने चारों ओर निर्माण करते हैं। कभी-कभी हम महसूस करते हैं कि जीवन में एक विपत्ति के आते ही, साथ ही अन्य विपत्तियाँ भी आने लगती हैं। ऐसा इसलिए होता है कि बुरी परिस्थितियों के आते ही हम डर जाते हैं और नकारात्मक सोचना प्रारंभ कर देते हैं और फिर शृंखला प्रारंभ होती है हमारी नकारात्मक सोच की। जितना-जितना हम नकारात्मक सोचते जाते हैं उतना-उतना ही हम और बुरी परिस्थितियों को अपनी ओर आकर्षित करते हैं। जब हम स्वयं

नकारात्मकता से भरते हैं तो हमारे जीवन में अन्य नकारात्मक सोच रखने वाले लोगों का भी प्रवेश होना प्रारंभ हो जाता है जो हमें और नेगेटिविटी से भर देते हैं। इसलिए हमें बुरी परिस्थिति के लिए तैयार रहना है, बुरी परिस्थिति आने पर उसका डटकर सामना करना है परंतु दिन रात बार-बार अनावश्यक विचार करके खुद को भयभीत नहीं करना क्योंकि कोई भी विपत्ति हमेशा के लिए नहीं रहती।

आइए एक अभ्यास करें (ईमानदारी से दें जवाब)

1. अपने सभी डर की सूची तैयार करें।
2. इनमें से कितने डर वास्तविक हैं और कितने काल्पनिक हैं?
3. मान लीजिए कि जिस परिस्थिति के भविष्य में होने का आपको डर सताता है वह घटित हो गई है। अब आप क्या करेंगे?
4. स्वयं को सुझाव दें कि आज आप भविष्य में ऐसी परिस्थिति से बचने के लिए क्या तैयारी कर सकते हैं?

मैं निडर हूँ।
मैं वर्तमान में खुश रहना चुनता हूँ।
मेरा भविष्य सुरक्षित है।
मुझमें हर परिस्थिति से लड़ने की क्षमता है।
मैं अपने इस सुन्दर जीवन के लिए आभारी हूँ।
मेरा जीवन सकारात्मक रूप में बदल रहा है।

16
अपनी और अपनों की मृत्यु का डर

दुनिया में शायद ही कोई होगा जिसे कभी मृत्यु का डर ना सताया हो। जिसे जीवन से मोह है, उसे मृत्यु का भय है। पर सच्चाई यह है कि मृत्यु से डरने का प्रश्न है ही नहीं, क्योंकि जो होना निश्चित है उससे क्या डरना? बड़े-बड़े वैद्य, राजा, चक्रवर्ती, तीर्थंकर तक खुद को नहीं बचा पाए। एक न एक दिन सभी को मरना है। तो डरने से क्या होगा?

क्या मरण को जीता जा सकता है? हाँ, मोक्ष मार्ग पर चलकर। मृत्युंजय उसे कहते हैं जो मरण के ऊपर विजय प्राप्त कर लेता है। परंतु अभी हम वह नहीं कर सकते। अभी सबके लिए मृत्यु एक अटल सत्य है इसलिए हम मृत्यु को नही जीत सकते, फिर हमारे हाथ में क्या है? मृत्यु के भय को जीतना।

यह डर हमें इसलिए बेचैन करता है क्योंकि हम सभी यह सोचने लगते हैं कि दुनिया में सदा के लिए रहने आए हैं। परन्तु जब एक न एक दिन मृत्यु से गुजरना ही है तो फिर क्यों न तैयारी की जाए, मरने की; इस सत्य को स्वीकारें जिससे भय न पैदा हो। नीति यह कहती है कि जिसका अभ्यास किया जाता है, उसमें हम निपुण हो जाते हैं। मृत्यु के लिए तैयार रहना आवश्यक है क्योंकि यह वो सत्य है जिसे टाला नहीं जा सकता।

क्या मरने की तैयारी एक नकारात्मक सोच है? मरने की तैयारी करने का अर्थ, जीवन से भागना या आत्महत्या करना नहीं है। आत्महत्या तो वे करते

हैं जो जीवन को भी सही ढंग से नहीं जी पाते और मरने की तैयारी वही कर सकता है जिसने जीवन को बहुत अच्छे तरह से जिया होता है। अच्छी तरह से वही मरता है, जो अच्छी तरह से है जीना जानता है। जो अपना जीवन कमल की तरह बनाता है। बुराइयों के बीच रहकर भी बुराइयों से दूर रहता है, उसका मरण बहुत सुन्दर होता है।

यह न समझिए कि मृत्यु जीवन का हिस्सा नहीं, उसका अंत है। मृत्यु जीवन के साथ साथ चलती है, हमारी आयु के बढ़ने का अर्थ है— हम मृत्यु की ओर बढ़ रहे हैं। जैसे ही किसी की मृत्यु होती है, उसके अगले ही क्षण वह कहीं और जन्म ले लेता है, जरा भी अंतराल नहीं होता। यानि जीवन के बाद मृत्यु और मृत्यु के बाद जीवन . . . यह प्रक्रिया चलती ही रहती है। जैसे सुबह सूरज की चमक बहुत तेज होती है, दोपहर में और बढ़ जाती है, शाम होते ही रोशनी कम होने लगती है और फिर जैसे ही सूरज अस्त होता है, अंधकार का जन्म हो जाता है, पर दोनों साथ-साथ ही चलते हैं।

यदि हम मृत्यु के भय को जीतना चाहते हैं तो सर्वप्रथम उसके कारण को जीतना होगा। मरने से हमें भय क्यों लगता है? मुख्य कारण क्या है? भविष्य का भय अथवा अभी जो प्राप्त है, उसके छूटने का भय?

भविष्य का डर इसलिए लगता है कि अगले भव में हमारा क्या होगा। जो विद्यार्थी सालभर अच्छे से पढ़ाई करता है, वह परीक्षा से नहीं डरता है। यदि हमने जीवन को सही तरह से जिया है तो अगले भव का डर क्यों? इस भव में अच्छे कार्य किए हैं तो अगला भव निश्चित रूप से अच्छा ही होगा। मृत्यु से भयभीत होने की जगह क्यों न अपने जीवन को ऐसा बनाया जाए जिससे आपका यह भय ही समाप्त हो जाए।

यदि बच्चा शेर का मुखौटा पहनकर माँ को डराने की कोशिश करे, तो क्या माँ उसे देखकर डर जाएगी? नहीं, क्योंकि माँ जानती है कि जो दिख रहा है वह शेर नहीं है, वास्तविकता में तो वह उसका बच्चा ही है; अर्थात माँ को सत्य का भान है। ठीक इसी तरह जब किसी का मरण होता है तो व्यक्ति को यह समझना चाहिए कि यह शरीर सत्य नहीं है, सत्य तो आत्मा है और आत्मा कभी मरती नहीं, तो दुःख किस बात का?

भय का सबसे बड़ा कारण है, शरीर से आसक्ति। इस आसक्ति को कम करने का सबसे अच्छा उपाय है, वस्तु स्वरूप का चिंतन करना। जो शरीर के स्वभाव का चिंतन करेगा उसका राग कम हो जाएगा। शरीर का स्वभाव नष्ट होने वाला है, यह सड़ने वाला है, गलने वाला है, बीमार होने वाला है। जब हम इस बात का 'निरंतर' चिंतन करेंगे तो हमारा भय धीरे-धीरे कम होने लगेगा। जैसे जब किसी व्यक्ति को लंबे समय से गंभीर बीमारी चल रही हो और फिर वह मर जाए तो उसके घरवालों को उतना दुःख नहीं होता जितना अचानक मृत्यु होने पर होता है क्योंकि उन्होंने अपना मानस पहले ही बना लिया था कि एक दिन उसे जाना ही है।

जब हम किसी किराए के घर में रहते हैं तो हमें उससे लगाव नहीं होता, चाहे उसमें बारह साल ही क्यों न रह ले। परंतु जब हम घर खरीद लेते हैं, तो हम एक दिन में ही उसे अपना मानकर उससे लगाव कर बैठते हैं। यह अंतर क्यों आता है? क्योंकि किराए के घर में हमें यह पता होता है कि यह हमारा अपना नहीं है, हमें एक न एक दिन उसे छोड़कर जाना है। हम उसे सजाते भी हैं, उसमें सभी त्योहार मनाते हैं, सभी खुशियाँ मनाते हैं, परंतु भीतर से मन जानता है कि यह मेरा घर नहीं है इसलिए जब भी आप उस घर को छोड़कर जाते हैं तो आपको दुख नही होता।

इसी प्रकार हम सबका शरीर भी एक किराए का घर ही है। किराए के घर की तरह हम अपने शरीर का ध्यान रखते हैं, इससे सारे कार्य करते हैं, इसे सजाते भी हैं परंतु भीतर से यह समझना है कि एक दिन इसे भी छोड़कर जाना ही है। जब शरीर का छूटना निश्चित रूप से तय है, तो मृत्यु से क्या डरना? बस हमें यही समझना है, अपने और अपने प्रियजनों के शरीर के लिए, तो हमें वह तीव्र मोह नहीं होगा। अपनी या किसी अपने की मृत्यु का भय हमें उतना बेचैन नहीं करेगा।

ईमानदारी से करें अभ्यास

आँख बंद करके बैठें और देखिए कि जिस अपने की मृत्यु का डर हमें सताता है उसकी मृत्यु हो गई है और अपनी प्रतिक्रिया को नोट करें। आप अत्यंत

व्याकुल महसूस कर सकते हैं या हो सकता है आपकी आँखों में आँसू भी आ जाएँ। अब देखें कि उस बात को पंद्रह दिन बीत चुके हैं। अब अपने आप को देखें, अपनी दिनचर्या देखें और अपने व्यवहार को देखें। अब दो महीने बाद अपने आप को देखें, अपनी दिनचर्या देखें और अपने व्यवहार को देखें। खुद से ये प्रश्न पूछें कि हमें कितने दिन तक दुःख होगा? क्या हमारा हार्टफेल हो जाएगा? बच्चे के मरने पर क्या हमें ब्रेन स्ट्रोक हो जाएगा? कितने दिन तक हम दुख में डूबेंगे?

सच यह है कि हम भीतर से जानते हैं कि अपने किसी भी प्रिय व्यक्ति के मरने पर हमें कुछ ही दिन तक दुख रहेगा, फिर हम पुनः जीवन में व्यस्त होने लगेंगे परन्तु इस सच को हम अपनाना नहीं चाहते। जब मृत्यु एक अटल सत्य है, तो डरना क्यों?

जैन शास्त्रों में बहुत अच्छा समाधान बताया गया है कि जो व्यक्ति प्राप्त हुए भोगों में, मिलती हुई सुविधाओं में वियोग बुद्धि रखता है, यानि जो इनसे बहुत जुड़ता नहीं है, वह कभी भयभीत नहीं होता। यदि हम खुद को बार-बार यह याद दिलाते रहेंगे कि मैं कभी भी मर सकता हूँ, मेरे रिश्ते कभी भी समाप्त हो सकते हैं, मेरा यह किराए का मकान रूपी शरीर कभी भी खाली हो सकता है, तो धीरे-धीरे हमारा इन सबसे गहरे मोह का भाव भी टूट जाएगा। हमारा छूटने का भय समाप्त हो जाएगा, हमारा मन सच को धीरे-धीरे अपनाने लगेगा। हम हमेशा याद रखें कि जो मेरा है वह कभी छूट नहीं सकता और जो छूट जाता है वह कभी मेरा हो नहीं सकता।

आपके मन में यह प्रश्न आ रहा होगा कि हम यह नकारात्मक सोच क्यों रखें? हम समझें कि यह सोच नकारात्मक नहीं है। हमें सकारात्मक (optimistic) होना चाहिए, पर उससे पहले यथार्थवादी (realistic) होना चाहिए। यह समझें कि सिर्फ हमारे पॉजिटिव सोचने से हम मृत्यु का यह सच नहीं बदल सकते। इस यथार्थवादी सोच से हम सुखी हो सकते हैं क्योंकि हम जीवन में हर परिस्थिति के लिए तैयार हो जाएँगे। जीवन में अच्छा मिल रहा है तो इस समय भी उसका वियोग विजुअलाइज

कर लीजिए और बुरा भी मिल रहा है तो उसका भी वियोग विजुअलाइज कर लीजिए, यही जीने का सही तरीका है और मरने का भी। इससे हम खुशी के समय में फूलेंगे नहीं और दुख के समय हम दीन-हीन नहीं होंगे क्योंकि हमें पता होगा कि यह बुरा वक्त भी जाने वाला है। हम समता में रहना सीख जाएँगे, निर्भय हो जाएँगे, कभी एंक्जाइटी (चिंता) से ग्रसित नही होंगे, टेंशन में नहीं आएँगे, विपरीत परिस्थितियाँ हमें डराएँगी नहीं। मृत्यु के लिए सदैव तैयार रहने वाला व्यक्ति जीवन की हर बुरी से बुरी परिस्थिति को आसानी से झेल जाएगा क्योंकि मृत्यु की तैयारी ही जीवन को सुख से जीने का सबसे कारगर तरीका है।

आइए एक अभ्यास करें (ईमानदारी से दें जवाब)

1. आपके पति या पत्नी के मरने पर आप कितने दिन दुखी रहेंगे या शोक मनाएँगे?
2. आपकी मृत्यु पर आपके पति या पत्नी को कितने दिन दुःख रहेगा?
3. आपको अपने बेटे या बेटी की मृत्यु पर कितने दिन तक दुख रहेगा?
4. आपके मरने पर आपके परिवार के प्रत्येक सदस्य को कितने दिन तक दुःख रहेगा?

मैं निडरता से सच को अपनाता हूँ।
मैं आज में खुश रहना चुनता हूँ।
जो दिख रहा है वह सब कुछ अनित्य है, बस आत्मा नित्य है।
आत्मा कभी मरती नहीं इसलिए मैं सुरक्षित हूँ।
मेरे आस-पास सभी लोग सुरक्षित हैं।

17

अनावश्यक विचारों से रहें सावधान (Overthinking)

हमें जीवन में सुख मिलेगा या दुख . . . यह हमारी सोच पर निर्भर करता है। मन में उठने वाले विचारों का प्रवाह ही हमारे जीवन की दशा और दिशा को निर्धारित करता है। हमारा मन कभी भी विचारों से रहित नहीं रहता, तब भी नहीं जब हम शांत बैठे हों। समुद्र में उठने वाली लहरों की तरह हमारे मन में भी विचारों की लहरें उठती और तिरोहित होती रहती हैं। विचार सकारात्मक भी हो सकते हैं और नकारात्मक भी। हमें कौन से विचारों को अपने जीवन में स्थान देना है, यह हम पर ही निर्भर करता है। यह भी सही है कि कुछ विचारों पर हमारा नियंत्रण होता है और कुछ पर नहीं होता।

क्या ऐसा हो सकता है कि हम अपने विचारों को हमेशा अपने नियंत्रण में रख सकें? जब भी हम अपना ध्यान किसी एक जगह पर केंद्रित करने की कोशिश करते हैं तो थोड़ी देर बाद ही न जाने मन कहाँ भटक जाता है। कई बार तो बार-बार वही विचार पैदा होते रहते हैं जिनके बारे में हम सोचना ही नहीं चाहते। यानि न चाहते हुए भी एक ही बात को बार-बार सोचकर परेशान होना हमें एक जाल में फंसा देता है। यह जाल है ओवरथिंकिंग का जाल।

जब विचार शुभ एवं मांगलिक होते हैं तो व्यक्ति का जीवन भी बहुत शुभ और मांगलिक हो जाता है और यदि विचार खराब होते हैं तो जिंदगी भी

बेकार हो जाती है। कभी-कभी ऐसी परिस्थितियाँ जीवन में आ जाती हैं कि बहुत समझदार और विद्वान व्यक्ति भी अपने विचारों पर नियंत्रण नहीं रख पाते। वे चाहकर भी अच्छा नहीं सोच पाते। मंदिर में बैठे होने पर भी मन कभी इधर तो कभी उधर भटक जाता है, कोई भी कार्य करते हुए मन दूसरी बातें सोचने लगता है, वे ही बातें ज्यादा याद आती हैं जो व्यक्ति भूलना चाहता है। कभी-कभी कुछ बिना सिर-पैर की बातों में भी व्यक्ति काफी देर के लिए बह जाता है।

हम यदि यह स्वीकार कर लें कि मन चंचल है, कभी स्थिर नहीं रहता तो फिर हमारी सोच में सुधार की गुंजाइश ही नहीं बचेगी, कोई आत्मा परमात्मा नहीं बन पाएगी; पर व्यक्ति बदलते भी हैं, जो कल तक कुछ और थे, आज उनका जीवन कुछ और ही हो गया। पहले तो हमें यह निश्चित करना है कि मन हमें संचालित कर रहा है या हम मन को संचालित कर रहे हैं। मन के मालिक हम है या मन हमारा मालिक है? होना तो यह चाहिए कि हम मन के मालिक बनें परन्तु संस्कार ऐसे बन जाते हैं कि हम मन के गुलाम बनते चले जाते हैं। जब संस्कार गहरे बन जाते हैं तो व्यक्ति अबुद्धि पूर्व भी वही सोचता रहता है, उसका अपने ऊपर नियंत्रण ही नहीं रहता है। जब हम मन को नियंत्रित और व्यवस्थित नहीं रख पाते और अपने विचारों को खुला छोड़ देते हैं तो ओवरथिंकिंग का शिकार हो जाते हैं।

एक उच्चशिक्षित व्यक्ति गाँव छोड़कर मेट्रो सिटी में गया और उसने एक आईटी कंपनी में जॉब ज्वाइन कर ली। उसे दस साल से ज्यादा का अनुभव था और पैकेज भी एक करोड़ से ज्यादा का था लेकिन जब लोग उसे देखते थे तो यही कहते थे कि कैसी जिंदगी है इसकी। वह हमेशा परेशान ही दिखता था। वह किसी न किसी उधेड़बुन में खोया हुआ रहता था। लोग उससे अक्सर पूछते थे कि इतनी चिंता क्यों करते हो? इतना क्या सोचते हो? वह व्यक्ति अक्सर यही जवाब देता था, "क्या करूँ मेरा वर्कलोड खत्म ही नहीं होता। मेरा टाइमिंग 9:00 से 6:00 का है पर रात के 12:00 तक भी लगा रहता हूँ। पूरे घर को ऑफिस बना डाला है। सोचता हूँ यह सब कुछ छोड़कर बहुत अच्छे

तरीके से रहूँ, अपनी फैमिली को समय दूँ लेकिन ऐसा कर ही नहीं पाता।" उसके एक मित्र ने उसे सलाह दी, "यहाँ पास में एक आश्रम है, वहाँ एक बहुत ही पहुँचे हुए संत रहते हैं। वे जरूर तुम्हें कोई अच्छा रास्ता बताएँगे।"

वह व्यक्ति अपनी समस्या के समाधान की चाह में उस आश्रम तक पहुँच जाता है और जाकर महात्मा जी से कहता है, "गुरुदेव! बड़ा परेशान हूँ, मैं सोचता था कि एक डिग्री मिल जाएगी, अच्छा जॉब मिल जाएगा, अच्छा पैकेज मिल जाएगा तो जिंदगी खूबसूरत हो जाएगी। मुझे लगता था अच्छा पैकेज, अच्छा फ्लैट, अच्छी गाड़ी और अच्छा परिवार होने से बड़ा कोई सुख नहीं है। लेकिन यह सब पाकर भी मैं खुश नहीं हूँ। हर दिन नई समस्याओं से जूझते हुए दुखी हो गया हूँ।"

यह सुनकर गुरुदेव ने पूछा, "आखिर परेशानी क्या है?" उसने जवाब दिया, "मेरा वर्कलोड इतना है कि मेरा काम ही समाप्त नहीं हो पाता, मैं अपने परिवार के साथ समय ही नहीं बिता पाता। मैं एक समस्या को हल करता हूँ तो दूसरी समस्या खड़ी हो जाती है, पर समस्याओं का कोई अंत नहीं दिखता।" महात्मा जी बोले, "तुम नियम ले लो कि रात को 8:00 बजे के बाद लैपटॉप पर कार्य नहीं करोगे।" उस व्यक्ति ने जवाब दिया, "यह तो असंभव है। कृपया मुझे कोई और रास्ता बताइए, सारी दुनिया के लिए मैं बहुत अच्छा हूँ। सब मुझे रोल मॉडल मानते हैं लेकिन मेरी हालत क्या है, यह मैं ही जानता हूँ।" महात्मा जी ने कहा, "ठीक है, अभी रात होने को है। तुम्हारे इस प्रश्न का जवाब मैं कल सुबह दूँगा। तुम मेरे आश्रम में आए हो तो रात भर यहीं विश्राम करो। जब सुबह उठोगे तो अच्छा समाधान दूँगा। मेरे आश्रम में 50 ऊँट हैं। आज तुम मेरी ऊंटशाला को थोड़ा संभाल लेना। जब तुम सारे ऊंटों को बैठा दो, तब तुम सो जाना। बस इतना सा कर दो।" वह व्यक्ति भला गुरुदेव को कैसे मना कर सकता था। उसने हाँ कर दी।

गुरुदेव अपने आश्रम में जाकर विश्राम करने लगे। सुबह उठते ही वह व्यक्ति उनके पास पहुँचता है तो गुरुदेव उससे पूछते हैं, "कैसी नींद आई?" उस व्यक्ति ने जवाब दिया, "मैं जरा भी नहीं सो पाया। आपने कहा था कि

सब ऊँट बैठ जाएँ तो सो जाना। मैंने बहुत कोशिश करके कुछ को बैठाया और फिर जब दूसरों को बैठाने लगा तो पहले वाले खड़े हो गए। पहले वालों को बैठाने लगा तो बाद वाले खड़े हो गए, कुछ ऊँट तो रात भर नहीं बैठे और इसी तरह सारी रात बीत गई। इतना समय बीतने के बाद अधिकतर ऊँट बैठने लगे थे पर तब तक सुबह हो चुकी थी। मैं बुरी तरह से थक गया हूँ और सो भी नहीं पाया।"

गुरुदेव ने मुस्कुराकर कहा, "मैं जानता था कि यही होने वाला है। तुमने मेहनत करके कुछ ऊँटों को बैठा दिया पर तुम सारे ऊँटों को नहीं बैठा पाए बस ऐसा ही जीवन में होता है। हम समझते हैं कि हम सारी समस्याएँ हल कर लेंगे लेकिन ऐसा नहीं होता। कुछ समस्याएँ हल होती हैं तो कुछ नई समस्याएँ पैदा हो जाती हैं। कुछ समस्याओं को हल करना हमारे हाथ में होता है, पर कुछ समस्याएँ समय के साथ अपने आप हल होती हैं, हम लाख प्रयत्न कर लें पर उनका हल समय से पहले नहीं निकल सकता।" अब उस व्यक्ति को अपनी समस्या का समाधान मिल गया था।

कबीरदास जी ने ठीक ही कहा है,
धीरे-धीरे रे मना, धीरे-धीरे सब कुछ होय।
माली सींचें सौ घड़ा, ऋतु आए फल होय।

बहुत ज्यादा सोचने से किसी समस्या का समाधान हो जाए, यह संभव नहीं है। बेसब्री से किसी समस्या के हल होने का इंतजार करना ठीक उसी तरह है जैसे हम किसी बीज को बोने के बाद रोज उसे खोद-खोदकर देखें कि उसमें अंकुरण हो रहा है या नहीं। ऐसे तो ना उसमें अंकुरण होगा, ना कभी वह पौधा उगेगा। हमें थोड़ा धैर्य रखना ही होगा लेकिन हमें समस्याओं को खत्म करने की जल्दी रहती है। पर क्या बीमारी को खत्म करने के लिए एक सप्ताह की खुराक एक साथ खा लेने से बीमारी ठीक हो जाती है? या पेड़ पर फल लाने के लिए दो महीने का पानी एक साथ पेड़ को दे देने से उसमें फल समय से पहले

लग जाएँगे?

हम हर समस्या पर बहुत ज्यादा सोच-सोचकर परेशान हो जाते हैं। उतावलापन करने से किसी समस्या का अंत नहीं होता। ज्यादा सोचने से तो बिल्कुल भी नहीं . . . हाँ, हम अपना समय और दिमाग जरूर खराब कर लेते हैं। इस तरह की ओवरथिंकिंग को अपने भीतर पैदा ही नहीं होने देना चाहिए। योजनाबद्ध तरीके से काम करना चाहिए कि कितने समय में मुझे क्या करना है और उसी के अनुरूप हमारे लक्ष्य हमें निर्धारित करने चाहिए। कुछ समस्याओं को समय पर छोड़ देना चाहिए। आज बहुत ज्यादा पढ़े-लिखे और समझदार लोग ओवरथिंकिंग की बीमारी के ज्यादा शिकार हैं। रोज मेहनत मजदूरी कर अपना खर्च चलाने वाले लोग इतने परेशान नहीं होते। यह ओवरथिंकिंग हमें घड़ी के पेंडुलम की तरह बना देती है, कभी इधर तो कभी उधर। इसके कारण हम सही निर्णय लेने में भी सफल नहीं हो पाते। जिंदगी बहुत सरल है। हम इसे बहुत ही उलझन भरी बना देते हैं क्योंकि हम वर्तमान में नहीं जीते। हम कभी अतीत को लेकर बहुत सोचने लगते हैं तो कभी भविष्य को लेकर और इसीलिए जीवन की दुर्दशा हो जाती है। हम मन के मालिक हैं परन्तु आज उसके गुलाम हो गए हैं। हमें मन को अपना गुलाम बनाना सीखना चाहिए।

यह बड़ी अजीब बात है कि हम रहते तो वर्तमान में हैं लेकिन जीते भविष्य और भूत में हैं और यही हमारी सभी समस्याओं की जड़ है। यदि हम अपने दिनभर के सभी कार्यों में मन से सजग रहें, माइंडफुल रहें तो हम ओवरथिंकिंग के जाल में नहीं फसेंगे। जैन शास्त्रों में बताया है कि हर कार्य को विवेक से करें, जागृतिपूर्वक सोचें अर्थात अपने विचारों पर नज़र रखें, अनावश्यक और अनर्थ के विचारों के पीछे हमारा मन न भागे। जो व्यक्ति अपने सारे कार्यों को जागृतिपूर्वक करता है, उससे कभी अनर्थदंड की क्रियाएँ होंगी ही नहीं, वह अनावश्यक नहीं सोचेगा, उसके सब कार्य उद्देश्यपूर्ण होंगे। ऐसा होना चाहिए कि जहाँ हम रह रहे हैं, वहीं जीना सीखें नहीं तो हम सब कुछ प्राप्त करके भी भीतर से कुछ प्राप्त नहीं कर पाएँगे और हम बिल्कुल खोखले हो जाएँगे।

आइए एक अभ्यास करें (ईमानदारी से दें जवाब)

1. कोई ऐसा विचार लिखें जो कई दिनों से आपके मन में बार-बार उठ रहा है।
2. मन में बार-बार उठने वाले विचार आपको कितनी तीव्रता के साथ प्रभावित कर रहे हैं?
3. क्या आपके अनुसार इन सब विचारों को सोचना उचित है?
4. कौन सी ऐसी परिस्थितियों को लेकर आप परेशान रहते हैं जो आपके नियंत्रण से बाहर है और कौन सी परिस्थितियाँ आपके नियंत्रण में है?
5. क्या कभी आपने ध्यान और योग के द्वारा अपने मन को शांत करने की कोशिश की है?

मेरे विचार मेरे परम मित्र हैं।
मेरी विचारधारा मेरे जीवन को बेहतर दिशा देती है।
मैं वर्तमान में रहना पसंद करता हूँ।
मैं सहजता से पुराने से नए जीवन की ओर बढ़ता हूँ।
बदलाव की इस यात्रा में मैं आज़ादी का अनुभव कर रहा हूँ।
मेरा जीवन सरल और सुन्दर है।

खंड 4

जीवन विकास के सूत्र

18

स्वयं से प्रेम : सच्ची अहिंसा

दुनिया में अनेक दर्शन हैं जो करुणा का उपदेश देते हैं परन्तु उनका चिंतन केवल मनुष्यों के प्रति करुणा भाव तक ही सीमित रहता है। सभी के अनुसार मनुष्यों को आपस में मिल-जुलकर प्रेम से रहना चाहिए। फिर कुछ लोग मनुष्यों से आगे बढ़कर जानवरों के प्रति संवेदनाओं को लेकर आए। उन्होंने कहा जानवरों को भी कष्ट नहीं पहुँचना चाहिए। फिर कुछ लोग ऐसे हुए जिन्होंने पेड़-पौधों आदि वनस्पति के प्रति हिंसा का निषेध किया परन्तु इससे आगे अहिंसा की व्याख्या किसी ने नहीं की। जैन धर्म में भगवान महावीर ने कहा कि हिंसा दूसरों की ही नहीं, अपनी भी होती है और सही कहें तो 'दूसरों' की हिंसा से पहले 'स्व'-हिंसा होती है। अहिंसा की जितनी सूक्ष्म परिभाषा जैन धर्म में दी है वह और कहीं नहीं मिलेगी। भगवान महावीर ने कहा है, "अहिंसा परमो धर्मः" अर्थात अहिंसा ही परम धर्म है।

जब-जब हिंसा की बात आती है तो यह समझा जाता है कि हिंसा मात्र दूसरे की होती है। परन्तु वास्तव में हिंसा की शुरुआत कभी 'पर' से होती ही नहीं है, अपितु 'स्वयं' से ही होती है। जब व्यक्ति किसी को कष्ट देता है या कष्ट देने का भाव करता है तो सामने वाला व्यक्ति बाद में पीड़ित होता है, सबसे पहले उस व्यक्ति का अपना मन और उसका शरीर पीड़ित होता है। हिंसा दूसरे की बाद में होती है, स्वयं की पहले होती है। जैसे दूध गर्म करने के लिए जब पात्र

गैस पर टिकाया जाता है तो दूध से पहले पात्र गर्म होता है; किसी पर कीचड़ फेंकना चाहें तो पहले अपने हाथ गंदे होते हैं, ऐसे ही हिंसा करते समय पहले हमारे मन के परिणाम दूषित होते हैं, हमारे शब्द दूषित होते हैं, हमारा शरीर प्रभावित होता है।

जैन धर्म में मात्र शारीरिक रूप से ही हिंसा नहीं बताई बल्कि मानसिक रूप से उठते हुए हिंसक भावों को भी हिंसा के अंतर्गत रखा गया है। मन में उठने पाए हिंसक भावों से व्यक्ति के अपने स्वयं के शरीर और मन को कष्ट पहुँचता है इसलिए वह भी हिंसा है। विज्ञान के अनुसार जब व्यक्ति अधिक हिंसक भावनाओं से भरता है तो उसके शरीर में ब्लड प्रेशर, डायबिटीज, हृदय रोग, त्वचा के रोग, नसों के रोग आदि अनेक व्याधि जन्म लेती हैं। धर्म के अनुसार भी अगर समझें तो उस व्यक्ति की आयु घटने लगती है। जो व्यक्ति अधिक क्रोध और हिंसा के भाव रखता है वह कभी अपनी पूर्ण आयु नहीं जी पाता।

जब द्वार पर आए व्यक्ति को आप रोटी देते हैं तो आप उसपर उपकार नहीं करते परंतु उसे देखकर आपके मन में जो पीड़ा पैदा हुई थी आप उसे शांत करते हैं। जब आप खरीदारी करने किसी की दुकान पर जाते हैं तो वहाँ उद्देश्य अपनी आवश्यकताओं की पूर्ति का होता है न कि सामने वाले के बिजनेस को बढ़ाने का। अगर हम गौर करें तो संसार की हर क्रिया करते हुए केंद्र में हम स्वयं होते हैं। इसी प्रकार जब हम जीवन में अहिंसा को अपनाते हैं तो हम अपने ही सुख को पाते हैं। अहिंसा किसी दूसरे के लाभ की बात नहीं है, अपने ही लाभ की बात है।

एक तो हुआ दूसरे के प्रति हिंसक भाव लाने के कारण स्वयं की हिंसा करना परंतु हम डायरेक्ट कब-कब अपनी हिंसा कर जाते हैं, वह समझते हैं। कब-कब हम आत्म हत्या कर जाते हैं? प्रायः व्यक्ति जीवित रहने से ही प्राणों का होना समझता है, परंतु जैन धर्म में 10 प्राण बताए गए हैं : पाँच इंद्रियाँ (चक्षु इंद्रिय, रसना इंद्रिय, घ्राण इंद्रिय, स्पर्शन इंद्रिय, कर्ण इंद्रिय), मनोबल, वचन बल, काय बल, श्वासोच्छवास और आयु। जो लोग मांस भक्षण करते हैं, उनके यहाँ दो तरह के मांस की बात की जाती है : एक झटके का और

दूसरा हलाल का। झटके में पशु को एक ही प्रहार में समाप्त कर दिया जाता है परन्तु हलाल में उसे तिल-तिल करके मारा जाता है। आज तक आपने आयु रूप प्राण को अचानक समाप्त नहीं किया परन्तु अन्य प्राणों को कब-कब समाप्त कर लेते हो? जब-जब आपका मनोबल टूटता है, तब-तब मन रूपी प्राण की हिंसा होती है। संक्लेश भावों से या अपेक्षाओं की पूर्ति न होने से मन दुखता है, मनोबल टूटता है, स्वयं की हिंसा होती है। यहाँ हिंसा झटके में नहीं हो रही पर धीरे-धीरे मन का बल क्षीण होता है। जब कंप्यूटर स्क्रीन के सामने अत्यधिक समय व्यतीत करने से आँखों की कोशिकाएं डैमेज होती हैं, तो भी वह हिंसा है। जब व्यक्ति अत्यधिक तनाव से ग्रसित होता है, नेगेटिव विचारधारा उसे घेर लेती है और वह अपने नियंत्रण में नहीं रह पाता, तो भी वह स्वयं की हिंसा करता है।

जब व्यक्ति किसी के प्रति द्वेष के कारण अपने मन में हिंसक भाव पैदा करता है तो वह हिंसा समझ में आ जाती है परंतु जब व्यक्ति किसी से अत्यधिक प्रेम के कारण अपने मन और शरीर को नुकसान पहुँचाता है, वह सूक्ष्म हिंसा पकड़ में नहीं आती परन्तु यह सबसे ज्यादा घातक होती है।

आचार्य उमा स्वामी ने हिंसा की परिभाषा लिखी है— प्रमाद के योग से प्राणों का घात करना हिंसा है। यहाँ "प्रमाद" का अर्थ आलस्य नहीं है, अपितु वह अवस्था जब व्यक्ति का नियंत्रण अपने ऊपर नहीं रहता। जैसे शराबी होता है या राग-द्वेष के गहरे भाव में डूबा व्यक्ति जो सही-गलत नहीं समझ रहा, जो अपने ऊपर कंट्रोल खो चुका है, वह प्रमादी कहलाएगा। आचार्य भगवन ने यहाँ किसी दूसरे के प्राणों के घात की बात नहीं, बल्कि स्व और पर दोनों के लिए कहा है।

स्वयं के प्रति अहिंसा लाने का अर्थ है कि हम स्वयं से प्रेम करें और स्वयं से प्रेम करने का अर्थ है कि हम हर उस क्रिया को त्याग दें, जिससे हमारा अहित होता है। जैसे वह क्रोध, ईर्ष्या, द्वेष, तनाव, भय आदि भाव, जो पल-पल हमारे मनोबल, वचन बल और शारीरिक बल का घात करते हैं, वे क्रियाएँ जो हमारी इंद्रियों की शक्ति को क्षीण करती हैं। सही अहिंसक व्यक्ति इस प्रकार

का भोजन ग्रहण नहीं करेगा जो उसके शरीर के लिए हानिकारक है, उस प्रकार के भावों को पैदा नहीं करेगा जो उसे पतन की ओर लेकर जाते हैं, स्वयं के लिए भी वह बुरे भाव नहीं लाएगा, इस प्रकार के शब्दों को नहीं बोलेगा जो उसके या किसी दूसरे के मन को कष्ट पहुँचाएंगे।

जो व्यक्ति अपने ही प्राणों का घात करने के लिए तैयार है वह दूसरों की रक्षा क्या करेगा, इसीलिए भगवान महावीर ने कहा है कि अहिंसा सबसे पहले स्वयं से ही शुरू होती है। जो स्वयं के प्रति अहिंसा का पालन करेगा, वही दूसरों को खुशियाँ दे पाएगा। भगवान महावीर ने सूत्र दिया है "जियो और जीने दो"। जब हम अच्छे से जीते हैं, तभी हमारे आसपास वाले लोग अच्छे से जी सकते हैं। एक बात समझना जरूरी है कि जो व्यक्ति 'स्वयं' से प्रेम कर सकता है वही दूसरों से प्रेम कर सकता है और जो स्वयं से प्रेम नहीं कर सकता वह किसी अन्य से भी प्रेम नहीं कर सकता।

एक बार एक जैन मुनि ने अपने प्रवचन में समझाया की बकरा ईद के दिन बकरों की बलि नहीं देनी चाहिए। यह प्रवचन एक मुस्लिम वकील ने सुना। वह पढ़ा-लिखा तर्कशील व्यक्तित्व का था। प्रवचन के बाद उसने मुनिश्री से प्रश्न किया, "यदि कोई व्यक्ति किसी हत्यारे को सज़ा से बचाने की कोशिश करे, तो क्या यह सही रहेगा?" मुनिश्री ने जवाब दिया,"नहीं"।

फिर वह वकील बोलता है, "आपके अनुसार बकरे ने पिछले जन्म में किसी दूसरे बकरे की बलि दी थी इसीलिए आज वह बकरा बना है। यानी कि वह पूर्व भव का अपराधी है। तो क्या आज उसे सजा से बचाना सही रहेगा या उसे सजा मिलनी चाहिए?"

इस पर मुनिश्री ने कहा, "मैंने यह कब कहा कि हमें बकरे को बचाने के लिए उसकी बलि नहीं देनी। बलि इसलिए नहीं देनी कि हम अपने आप को बचाना चाहते हैं। जो व्यक्ति अगले जनम में बकरा बनकर कटना नहीं चाहता, वह इस जन्म में किसी बकरे की बलि ना दे। दूसरों को इसलिए बचाया जा रहा है कि हम स्वयं अपनी रक्षा चाहते हैं, हम स्वयं के लिए वह मृत्यु नहीं चाहते। जो व्यक्ति अपनी सुरक्षा चाहता है, वह दूसरों को भी सुरक्षा दे।"

आजकल कुछ युवा यह तर्क देते हैं कि एक अकेले हमारे नॉनवेज न खाने से दुनिया में नॉनवेज बनना तो बंद नहीं होगा, जानवरों का कटना नहीं रुकेगा, तो एक हमारे खाने या न खाने से क्या फर्क पड़ेगा? समझने की कोशिश करें कि यहाँ उद्देश्य दुनिया में सबकी रक्षा का नहीं है बल्कि स्वयं को बचाने का है।

जब हम कह रहे हैं कि अपने आप से प्रेम करें तो यहाँ 'अपना' कौन है?, यह भी समझें। जो व्यक्ति आपको धोखा देता है, आपका साथ छोड़ देता है, क्या वह कभी अपना कहलाएगा?

व्यक्ति को जन्म के बाद सबसे पहले अपना शरीर मिलता है, माँ-पिता आदि सब रिश्ते बाद में मिलते हैं। जब यह शरीर ही हमारा अपना नहीं है तो फिर हमसे भिन्न अस्तित्व को लिए लोग हमारे अपने कैसे हो सकते हैं? जब यह अपना शरीर ही एक दिन धोखा देकर, साथ छोड़कर चला जाता है तो फिर कोई दूसरा व्यक्ति हमारा अपना कैसे हो सकता है। अपना वही होता है जो हमेशा हमारे साथ रहे, कभी हमारा साथ न छोड़े और वह है—हमारी 'आत्मा'। अपने को चाहने का अर्थ है, अपनी आत्मा को चाहना। आत्मा को चाहने का अर्थ है कि हम कभी कोई ऐसा कार्य नहीं करें जिससे हमारी आत्मा में कष्ट पैदा हो। भविष्य के कष्टों से बचने के लिए आज किसी दूसरे को कष्ट देने की भावना से बचना होगा।

जब व्यक्ति के हृदय में समानानुभूति का भाव आता है तब सही अहिंसा प्रकट होती है। सहानुभूति में व्यक्ति सांत्वना के चार शब्द बोलता है परंतु समानानुभूति का अर्थ होता है— दूसरे की पीड़ा को अपनी पीड़ा मानना। ऐसा व्यक्ति सामने वाले के साथ वही व्यवहार करेगा जैसा वह अपने साथ करना पसंद करता है। मान लीजिए उसको सड़क पर कोई पीड़ित मिलेगा तो वह उसके साथ वैसा ही व्यवहार करेगा जैसा वह अपने लिए चाहता है। सामने वाले की पीड़ा को देखकर उसके मन में जो वेदना पैदा होती है वह उसे शांत करने के लिए दूसरे के प्रति करुणा का पालन करता है, उसके बदले वह एहसान नहीं दिखाएगा क्योंकि वह जानता है कि अहिंसा का पालन स्वयं के लिए ही किया जाता है। हिंसा में भी केंद्र में हम स्वयं होते हैं और अहिंसा में

भी केंद्र में हम स्वयं ही होते हैं। सही अहिंसा का पालन करने वाला व्यक्ति दूसरे की रक्षा करके कभी भी अभिमान से नहीं फूलेगा क्योंकि वह जानता है कि वह यह अपने लिए ही कर रहा है।

स्वयं से पूछें ये सवाल (ईमानदारी से दें जवाब)

1. जीवन से परेशान होकर कब-कब आप अपने मन में अपनी ही हिंसा का भाव लाए हैं?
2. एक घटना सोचिए जिसमें आपके मन में किसी के लिए तीव्र क्रोध और हिंसक विचार उठ रहे थे। उस समय आपके शरीर में कैसी प्रतिक्रिया हो रही थी?
3. कब-कब हम अपने प्राणों का घात करने वाले कार्य करते हैं?
4. कब-कब हम बाहर का दूषित भोजन स्वाद के लालच में कर लेते हैं?

मैं जीवन में अहिंसा को अपनाता हूँ।
मैं अपने और सबके अस्तित्व का सम्मान करता हूँ।
मैं जानता हूँ कि हर जीव में मेरे जैसी ही चेतना है।
संसार में सभी मेरे मित्र हैं और मैं सबके प्रति करुणा भाव से भरा हूँ।
मैं स्वयं से प्रेम करता हूँ।
मैं प्रेम पाने के योग्य हूँ।
मैं एक शांत आत्मा हूँ।

19

सामंजस्य का मंत्र
अनेकांतवाद और स्यादवाद

हमेशा यह कहा जाता है कि जीवन को सुखी बनाने के लिए हमारी विचारधारा बहुत अच्छी होनी चाहिए परंतु जब व्यक्ति समाज में अथवा परिवार में लोगों के बीच रहता है तो मात्र इतना ही पर्याप्त नहीं होता। हमें सिर्फ अपनी विचारधारा पर ही ध्यान केंद्रित नहीं करना बल्कि दूसरे की विचारधारा को भी समझने का प्रयास करना चाहिए। दुनिया में विवाद तब खड़े होते हैं जब हम सिर्फ अपनी विचारधारा तक ही सीमित रहते हैं।

एक व्यक्ति बहुत अच्छे तरीके से धर्म-कर्म के कार्य करता था, मंदिर में बहुत समय देता था, अभिषेक-पूजन, माला, ध्यान और जाप सब कुछ करता था। सुबह-शाम दोनों समय मंदिर जाने वाले उस व्यक्ति के घर का माहौल बड़ा अजीब था। वह मंदिर में बहुत अच्छा नजर आता था लेकिन उसके घर के लोग उसे पसंद नहीं करते थे। कितनी विचित्र बात है कि जो धार्मिक है, जिसे समाज वाले लोग अच्छा मानते हैं, जो दान भी बहुत अच्छा करता है लेकिन उसके परिवार वाले उसे जरा भी नहीं चाहते। उसकी अपने परिवार के सदस्यों के साथ बॉन्डिंग ही नहीं है। आखिर ऐसा कैसे हो सकता है? एक तरफ दुनिया वाले उसे बहुत अच्छा मान रहे हैं, वहीं परिवार वाले ही उसे पसंद

नहीं कर रहे हैं। उसकी कौन सी पहचान को सच मानना चाहिए? जो दुनिया की नजरों में है या जो घरवालों की नजरों में है? ऐसा दोहरा चेहरा आखिर क्यों होता है? या तो दुनिया गलत है या घर वाले। जो व्यक्ति इतना धार्मिक है, परोपकारी है, वह इतना रूखा व्यवहार अपने ही परिवारजनों के साथ कैसे कर सकता है?

यहाँ बात किसी अन्य व्यक्ति की नहीं की जा रही, बल्कि हम यह देखें कि कहीं हमारे भीतर भी यही चेहरा तो नहीं? बात सिर्फ मंदिर तक ही सीमित नहीं है, घर से बाहर ऑफिस में, दोस्तों के बीच में, सोसायटी में, हमारा चेहरा कैसा है और परिवार वालों के बीच हमारा असली चेहरा कैसा है? क्यों अपने ही परिवारजनों से हमारा सामंजस्य नहीं बैठता?

जैन धर्म का एक बहुत अच्छा सिद्धांत है— अनेकांतवाद। यह सुख और शांति पाने का सबसे सुन्दर नजरिया है जो संबंधों को मजबूत बनाता है और हमारा व्यवहार भी निखारता है। इस सिद्धांत को हम सात अंधों की कहानी के माध्यम से समझ सकते हैं—

एक बार सात अंधे लोग हाथी के पास से गुज़र रहे थे। उन्होंने सोचा कि क्यों न हाथी को छूकर समझें कि वह कैसा होता है? एक अंधे ने हाथी के पांव को छूकर बोला कि हाथी खंभे जैसा है, दूसरे ने हाथी की पूंछ पकड़ी और कहा कि हाथी रस्सी जैसा है, तीसरे अंधे ने हाथी के पेट को छूकर कहा कि हाथी दीवार जैसा है, चौथा अंधा हाथी की सूंड को छूकर बोला कि हाथी मोटे अजगर जैसा है, पाँचवें अंधे ने हाथी के दांतों को छूकर उसे धनुष जैसा बताया, छठे अंधे ने हाथी की पीठ को छूकर उसे एक बढ़िया सीट के जैसे बताया और सातवें अंधे ने हाथी के कानों को छूकर उसे बड़े पत्ते के जैसे बताया। अब सातों अंधे आपस में लड़ने लगे कि जैसा मैं कह रहा हूँ, हाथी वैसा ही है। सब अपने-अपने अनुसार हाथी की व्याख्या कर रहे थे। आप बताइए क्या सातों सही थे? क्या सातों की व्याख्या सत्य थी या असत्य? अगर सातों सच बोल रहे हैं तो लड़ाई क्यों हो रही थी? एक आँख वाला व्यक्ति यह सब कुछ होते हुए देख रहा था। उस आँख वाले व्यक्ति ने उन्हें समझाया कि

आप सातों ही सही बोल रहे हो बस आप सातों का स्थान भिन्न होने से आपके उत्तर अलग-अलग हैं।

ऐसा ही घर-परिवार में होता है। सबका अपना-अपना नजरिया होता है पर समस्या यह होती है कि सब सिर्फ अपनी ही दृष्टि से देखना चाहते हैं। वे सामने वाले की जगह पर आकर देखते और सोचते ही नहीं और इसीलिए परिवार में संघर्ष और समस्याएँ जन्म लेती हैं। जब किसी के बोलने का अंदाज होता है कि मैं 'ही' सही हूँ, तो टकराव होता है और इसी अंदाज़ को कहा जाए कि मैं 'भी' सही हूँ, यानी सामने वाले के नजरिए को भी स्वीकार किया जाए तो सारे संघर्ष समाप्त हो जाएँगे। इसी संदर्भ में आचार्य भगवान ने एक बहुत ही सुन्दर दोहा लिखा है :

'ही' से 'भी' की ओर, बढ़ें सभी हम लोग।
छह के आगे तीन हो, विश्व शांति का योग॥

आचार्य भगवन का कहना है कि यदि एक-दूसरे के नजरिए का सम्मान किया जाए। "मैं ही सही हूँ" की जगह "मैं भी सही हूँ" कहा जाए ; 3 के आगे 6, यानी 36 के आंकड़े के बजाय 6 के आगे 3, यानी 63 की बात की जाए तो परिवार और समाज में मेल-मिलाप की शुरुआत हो सकती है। 63 में 6 और 3 दोनों एक-दूसरे की ओर देख रहे हैं जबकि 36 में 3 और 6 दोनों विपरीत दिशा में देख रहे हैं। जब एक-दूसरे की तरफ देखा जाता है तो सामने वाले के दृष्टिकोण का भी सम्मान किया जाता है और जब दोनों विपरीत दिशा में देखते हैं तो व्यक्ति सामने वाले के दृष्टिकोण को गौण कर देता है।

अनेकांत का अर्थ होता है—अनेक दृष्टिकोण यानी विभिन्न नजरिए। यानी जब किसी बात को अलग-अलग नजरों से देखा जाता है तो अनेकांत जीवन में सार्थक होता है। जब हमें दो आँखें मिली हैं तो हमें अपने साथ-साथ सामने वाले को भी समझने का प्रयास करना चाहिए। वह सातों तो अंधे थे इसीलिए वह दूसरे के दृष्टिकोण से हाथी को नहीं देख पा रहे थे, परंतु हम लोग क्या

हैं? पूर्ण रूप से अंधे हैं, एक आँख वाले हैं या दो आँख वाले हैं? एक आँख वाले से मतलब जो एक ही दृष्टिकोण पर अटका है। अनेकांतवाद मुख्य रूप से चिंतन का एक तरीका है जिसमें विभिन्न दृष्टिकोण समाहित होते हैं। एक वृत्त में 360° होते हैं तभी वह पूर्ण होता है। ऐसे ही जीवन में भी तभी पूर्णता आएगी जब हम 360° से एक-दूसरे की विचारधारा को स्वीकार करेंगे। एक डिग्री भी अगर कम हुआ तो वहाँ अधूरापन रह जाएगा।

घर-परिवार और समाज में आजकल देखने में आ रहा है कि धार्मिक होने का ढोंग तो बहुत रचा जा रहा है पर धर्म के सिद्धांतों को कोई सही मायने में नहीं समझ रहा। महावीर भगवान के इस सिद्धांत को जीवन में सही ढंग से प्रयुक्त नहीं किया जा रहा। जब भी कोई संघर्ष आकार लेता है तो उसमें किसी एक का दोष नहीं होता। हर व्यक्ति अपनी जगह सही हो सकता है पर इसे समझने के लिए जरूरी है कि हम या तो अपनी नजर बदलें या नज़ारा बदल दें। नज़र बदलने का अर्थ है कि कुछ पल के लिए हम सामने वाले के स्थान पर जाकर उस परिस्थिति को देखें और नज़ारे बदलने का अर्थ है कि हम वस्तु स्थिति को ही बदल दें।

हर व्यक्ति का अपना नजरिया होता है। हम सिर्फ अपने नज़रिए से ही क्यों देखना चाहते हैं? इसी संदर्भ में हम अनेकांतवाद का सिद्धांत समझ लें तो जीवन खुशियों से भर उठेगा। इस बात को हम एक घटना के जरिए अच्छी तरह समझ सकते हैं। एक स्थान पर एक मंदिर बन रहा था जहाँ पर कुछ मजदूर काम कर रहे थे। एक महात्मा वहाँ से गुज़रे। उन्होंने एक मजदूर से पूछा, "क्या कर रहे हो?" मजदूर ने जवाब दिया, "पत्थर तोड़ रहा हूँ।" दूसरे मजदूर से उन्होंने जब यही प्रश्न पूछा तो वह उनके चरणों में गिरकर बोला, "बहुत गरीब हूँ, पेट पालने के लिए मजदूरी कर रहा हूँ।" तीसरे मजदूर ने इसी प्रश्न का यह जवाब दिया, "मैं प्रभु का मंदिर बना रहा हूँ, एक ऐसा स्थान बना रहा हूँ जहाँ सारी दुनिया आएगी, सारे लोग आएँगे, अपने प्रभु के दर्शन करेंगे और अपने जीवन को सुन्दर बनाएँगे।" तीनों एक ही काम कर रहे थे पर तीनों का उत्तर एक ही प्रश्न को लेकर भिन्न-भिन्न था। नजरिए की यह भिन्नता ही अनेकांतवाद है।

अनेकांतवाद का सिद्धांत हमारी विचार प्रक्रिया का हिस्सा है और जब यही हमारे शब्दों में उतर आता है तो इसे स्यादवाद कहा जाता है। अनेकांत एक मानसिक दशा का नाम है और स्यादवाद अपनी बात को कहने का तरीका या शैली है। प्रायः दोनों को समान ही मान लिया जाता है पर दोनों में बहुत फर्क है।

स्यादवाद का शाब्दिक अर्थ है, 'सापेक्षतावाद' अर्थात किसी वस्तु के गुण को समझने, समझाने, और अभिव्यक्त करने का तरीका सापेक्ष होता है। किसी एक दृष्टिकोण से जो सत्य है, दूसरे दृष्टिकोण से वही असत्य भी हो सकता है। स्यादवाद के मुताबिक, कोई भी वस्तु अनंत गुणों से बनी होती है, अगर कोई व्यक्ति किसी वस्तु के एक गुण को देखता है, तो वह उस वस्तु का पूरा सत्य नहीं देख रहा होता। अगर एक स्त्री माँ है, तो वह पत्नी भी है, बेटी भी है, बहू भी है, बहन भी है, भाभी भी है। यह सिर्फ दृष्टिकोण पर निर्भर करता है; किस परिप्रेक्ष्य से हम उसे देख रहे हैं उसपर निर्भर करता है।

कुछ लोग अनेकांतवाद को तो बहुत अच्छी तरीके से समझते हैं। इस संबंध में उनकी सोच भी बिल्कुल साफ होती है लेकिन जैसे ही शब्दों की बात आती है, वे गड़बड़ा जाते हैं। वे कहते हैं कि हम उनके विचार तो जानते हैं, अपने विचार भी जानते हैं लेकिन ढंग से कह और समझा नहीं पाते। यदि हम सचमुच जीवन में खुशियाँ चाहते हैं, सुख चाहते हैं तो हमें अपनी भावनाओं, साथ-साथ दूसरे की भावनाओं को भी समझना है। मेरी सीट से मुझे 63 दिख रहा है लेकिन आपको यह 36 दिख रहा है, जब आप मेरी सीट पर आ जाएँगे तो यह 63 हो जाएगा।

अनेकांतवाद का सिद्धांत भगवान महावीर द्वारा दिया गया सबसे सुन्दर सिद्धांत है। जीवन में यदि हम सुख-शांति चाहते हैं, हर हाल में बड़े आराम से रहना चाहते हैं तो अनेकांतवाद को अपनाना ही चाहिए। व्यक्ति भले ही कैसा भी क्यों ना हो, भले ही बिगड़ा हुआ हो लेकिन वह जो कह रहा है, यदि हम उसकी जगह होते तो क्या हम भी वही तो नहीं कहते, यह सोचना है। क्यों न हम अपने आप को अपने पार्टनर की जगह पर रखकर देखें और सोचने की

कोशिश करें कि यदि हम उसकी जगह होते तो उस स्थिति में क्या करते? कुछ और करते या वही करते जो वह कर रहा है? जब हम 'ही' को छोड़कर 'भी' की ओर बढ़ते हैं और सामने वाले को लगता है कि मुझे भी महत्त्व दिया जा रहा है तो बस वह स्वेच्छा से हमारे सामने झुक जाएगा। हम जो कहेंगे, वह करने को तैयार हो जाएगा लेकिन यह स्वीकार्य का भाव तब आएगा, जब हम अपना अहंकार छोड़ेंगे, स्वीकार की भावना को अपनाएँगे। इसी भाव के साथ यदि जीवन में आगे बढ़ा जाए तो सुख की राह आसान हो जाएगी।

आइए एक अभ्यास करें (ईमानदारी से दें जवाब)

1. जीवन में कब-कब ऐसे अवसर आए हैं जब आपके अपनी बात पर अड़े रहने के कारण आपका कोई अपना आपसे दूर हो गया हो?
2. ऐसा कितनी बार हुआ है जब सामने वाले से सहमत नहीं होने के कारण आपने उनसे दूरी बना ली हो।
3. आपके जीवन में ऐसा कौन सा रिश्ता है जिसके नजरिया का आप सबसे ज्यादा सम्मान करते हैं?

मैं परिवार में सबके लिए स्वीकार्य का भाव रखता हूँ।
मैं सबके दृष्टिकोण को समझने का प्रयास करता हूँ।
मैं दूसरों की भावनाओं का सम्मान करता हूँ।
सबके साथ मेरे रिश्ते बेहतर हो रहे हैं।
मेरा जीवन हर दिन बेहतर हो रहा है।

20
विनम्रता से व्यक्तित्व को संवारें

जीवन विकास के लिए यह सबसे जरूरी है कि हमारे भीतर विनम्रता हो। विनम्रता के महत्त्व को सभी धर्मों और संस्कृतियों में स्वीकार किया गया है। जैन धर्म में विनय को मोक्ष का द्वार कहा गया है। इसके बिना सारी साधना, सारी तपस्या व्यर्थ है। जीवन में ऊँचाइयों को छूने के लिए झुकना जरूरी होता है। यात्रा ऊपर की ओर करने के लिए गहराई में प्रवेश करना होता है। मंदिर का शिखर हम जितना ऊँचा चाहते हैं, खुदाई उतनी गहरी करनी होती है। देखने में शिखर की ऊँचाई आएगी लेकिन उसकी शुरुआत गहराई में उतरकर होती है। लक्ष्य हमारा ऊपर उठने का है लेकिन पहला कदम हमारा झुकने का होगा; अर्थात विनम्रता को अपनाना होगा। जो व्यक्ति जितना झुकेगा, वह उतना ही बड़ा बनेगा।

हमारी रोजमर्रा की जिंदगी की बात करें तो यहाँ भी विनय का महत्त्व बहुत है। जब-जब हम झुकेंगे, तब-तब हम पाएँगे। यदि हम विनम्रता को अपनाते हैं तो सही मायने में विकास करते हैं। ऊपर वही उठते हैं, जो झुकना जानते हैं। मिट्टी में दबे बिना कोई बीज कभी वृक्ष का आकार नहीं ले सकता। वृक्ष को मिट्टी के ऊपर जितना ऊँचा बाहर हम देखते हैं, उससे भी गहरी उसकी जड़ें मिट्टी के नीचे होती हैं।

जब हम किसी के सामने झुकते हैं तो छोटे नहीं बड़े बनते हैं। जिसने भी विनम्रता को अपना लिया, वह मंजिल के बहुत तेजी से नजदीक पहुँचता है। जब हम मंदिर जाते हैं तो प्रभु के सामने सिर झुकाते हैं, कुछ पाने के लिए। हर धर्म में कुछ पाने के लिए झुकने को आवश्यक बताया है। जिनके आगे झुका जा रहा है, वो भिन्न-भिन्न हो सकते हैं, जिस मंत्र का आलंबन लिया जाता है, वो अलग-अलग हो सकते हैं पर **सिद्धांत एक ही है, कि कुछ पाने के लिए झुकना होगा।** जब हम झुकते हैं तो हम ग्रहणशील हो जाते हैं।

कई बार यह तर्क दिया जाता है कि हम ईश्वर के सामने तो झुकते हैं यानि हमने विनम्रता को अपना लिया है लेकिन ईश्वर के सामने झुकने में कोई बड़ी बात नहीं है। भगवान के आगे तो कोई भी झुक जाएगा क्योंकि वे कुछ बोलते नहीं हैं, तर्क और तकरार भी नहीं करते। जब हम अपने रिश्तों में, अपने व्यवहार में यह अपनाते हैं तो सही मायने में विनम्रता की साधना करते हैं। रिश्तों में सामान्यतः हम तर्क बुद्धि लगाते हैं। हमें यह भी लगता है कि हमारे झुकने को कहीं कोई हमारी कमजोरी ना समझ ले। कुछ पति-पत्नी सबके सामने झुक जाते हैं परन्तु एक-दूसरे के सामने झुकने को तैयार नहीं है। उनका अहंकार उन्हें झुकने नहीं देता।

कभी-कभी व्यक्ति यह भी सोच लेता है कि हम उम्र में बड़े हैं, वह छोटा है आखिर हम ही क्यों झुके? लेकिन सच्चाई यह है कि झुकने वाला व्यक्ति हमेशा बड़ा होता है। फलों से लदे हुए वृक्ष झुक जाते हैं। वे झुके हुए इसलिए नहीं हैं कि उनमें कोई कमी है बल्कि इसलिए कि वे संपन्न हैं। यानी झुकना संपन्नता की निशानी है। यह संपन्नता वैचारिक भी हो सकती है और भौतिक भी। इस बात को हम सम्राट अशोक से जुड़ी एक कहानी से समझ सकते हैं।

सम्राट अशोक अपने समय के सबसे बड़े सम्राट थे। उन्होंने पूरे देश को एकता के सूत्र में बांधा था, परन्तु वे भीतर से बहुत सहज और विनयशील थे। वे साधु संतों का बहुत सम्मान करते थे। एक बार वे जंगल से गुजर रहे थे। तभी उन्हें सामने से एक महात्मा आते हुए दिखे। वे अपने रथ से उतरे और उन्होंने महात्मा के चरणों में अपना शीश रख दिया। उनके मंत्री को यह

बात पसंद नहीं आई। जब वे अपने राजमहल में लौटे तो मंत्री ने सम्राट से कहा, "हे राजन! आप इतने बड़े सम्राट हैं और एक भिखारी से दिखने वाले व्यक्ति के चरणों में आपने अपना सिर रख दिया? क्या आप अपने सिर की कीमत नहीं जानते? यह आप जैसे बड़े व्यक्ति को शोभा नहीं देता।" सम्राट ने मुस्कुराते हुए कहा, "मैं इस बात का जवाब फिर कभी दूँगा। "

तीन-चार महीने का समय बीत गया। एक दिन सम्राट ने उस मंत्री को बुलाया और एक संदूक देते हुए कहा, "इस संदूक में कुछ वस्तुएँ हैं, तुम जाओ और इन्हें बाजार में बेच आओ।" मंत्री ने संदूक को खोलकर देखा तो उसके आश्चर्य का ठिकाना नहीं रहा। उसमें एक इंसान की खोपड़ी, एक शेर की खोपड़ी, एक बकरे की खोपड़ी और एक बारहसिंगा की खोपड़ी थी। सम्राट ने कहा, "इन्हें बेचने के बाद मुझे बताना कि ये खोपड़ियाँ कितने में बिकती है?" मंत्री बाजार जाता है। सबसे पहले एक सेठ के पास जाता है। उसने 1000 स्वर्ण मुद्राएँ देकर सिंह की खोपड़ी को खरीद लिया। दूसरे सेठ ने 500 स्वर्ण मुद्राएँ देकर बारहसिंगा की खोपड़ी को खरीद लिया और तीसरे ने 300 स्वर्ण मुद्राएँ देकर बकरे की खोपड़ी को खरीद लिया। लेकिन मनुष्य की खोपड़ी को खरीदने के लिए कोई भी व्यक्ति तैयार नहीं हुआ।

मंत्री ने यह पूरी बात सम्राट को बता दी। सम्राट ने कहा, "चलो एक बार फिर से कोशिश करो और अगर इस बार भी मनुष्य की खोपड़ी नहीं बिकती तो इसे मुफ्त में देकर आ जाना।" मंत्री ने बहुत कोशिश की परन्तु मुफ्त में भी किसी ने मनुष्य की खोपड़ी नहीं ली। मंत्री निराश होकर लौट आया और बोला, "सम्राट इसे कोई मुफ्त में लेने को भी तैयार नहीं है।" सम्राट ने पूछा, "यदि मेरी मृत्यु हो जाती है तो मेरी खोपड़ी को कितने लोग अपने घर में सजा कर रखना चाहेंगे? तुम्हारे अनुसार तो मेरा सिर बहुत कीमती है।" मंत्री का सिर झुका हुआ था। मनुष्य की खोपड़ी की कीमत क्या है, यह बात मंत्री को समझ आ गई थी।

आत्म विकास के लिए झुकना जरूरी है। हमें व्यक्ति के आगे नहीं, व्यक्तित्व के आगे झुकना है। व्यक्तित्व व्यक्ति से ही बनता है इसलिए ऐसा

लगता है कि हम व्यक्ति के आगे झुक रहे हैं लेकिन सही मायने में हम झुककर उस व्यक्ति के गुणों का सम्मान करते हैं। जब व्यक्ति किसी के प्रति कृतज्ञ होता है, आभार प्रदर्शित करता है, तो वह अपने आप ग्रहणशील हो जाता है क्योंकि शरीर और दिमाग किसी तरह का तर्क उपस्थित नहीं करते।

महाभारत में एकलव्य का उदाहरण देखें तो विनय और समर्पण के महत्त्व को समझ सकते हैं। एकलव्य अपने मन में द्रोणाचार्य को गुरु बनाकर उनके सामने नतमस्तक हो गया था। भले ही द्रोणाचार्य ने उसे शिक्षा देना स्वीकार नहीं किया हो पर एकलव्य का समर्पण पूर्ण था। यही कारण था कि वह इतनी अच्छी शिक्षा प्राप्त कर पाया जितनी द्रोणाचार्य का सर्वश्रेष्ठ शिष्य अर्जुन भी प्राप्त नहीं कर सका। यह एकलव्य में विद्यमान समर्पण एवं विनय भाव का ही परिणाम था कि उसने जो चाहा, वह अर्जित कर लिया। उसके समर्पण और विनय की पराकाष्ठा देखिए कि जब गुरु ने गुरु दक्षिणा मांगी तो अपने जीवन भर की साधना को भी उसने गुरु के चरणों में अर्पित कर दिया।

जब हम किसी के प्रति विनय का भाव रखते हैं तो उसे जताना जरूरी नहीं होता। हम अक्सर जिसके भी सामने झुकते हैं, उसे जताते हैं और दूसरे लोगों को भी यह दिखाना चाहते हैं कि हम कितने विनम्र हैं। यदि हम ऐसा करते हैं तो समझिए हमारी विनय एक औपचारिकता मात्र है। भले ही हम दूसरों को दिखाकर प्रभु अथवा गुरु के चरणों में शीश नवा रहे हों, परोपकार के कार्य कर रहे हों लेकिन वह कार्य पूर्ण समर्पण से नहीं हो रहा क्योंकि हमारा ध्यान इस बात पर रहता है कि दूसरे भी हमारे इस समर्पण को देखें, परन्तु ऐसा समर्पण अधूरा ही माना जाएगा।

हमें यह भी समझना चाहिए कि झुकने में और चापलूसी में बहुत फर्क है। चापलूसी में स्वार्थ है लेकिन विनम्रता व्यक्तित्व के एक महान गुण को दर्शाती है इसीलिए जब भी हम झुकेंगे, उन्नति की राह पर आगे बढ़ेंगे। विनम्रता का भाव सही मायने में हमें उस सुख तक पहुँचा सकता है जिसकी हम आजीवन तलाश करते हैं।

आइए एक अभ्यास करें (ईमानदारी से दें जवाब)

1. उन पाँच लोगों के नाम बताइए जिनके सामने आप सहज भाव से झुकना स्वीकार करते हैं?
2. क्या आपको ऐसा लगता है कि आप किसी के सामने झुकते हैं तो वह भी आपके सामने झुके?
3. आपने अपने जीवन में सबसे विनम्र व्यक्ति किसे माना है और क्यों?

मैं विनम्रता के साथ अपने विचारों और भावनाओं को व्यक्त करता हूँ।
मैं सबके भीतर मौजूद गुणों का सम्मान करता हूँ।
मैं सहज, विनम्र और ग्रहणशील हूँ।
मेरा जीवन सुखमय है।

21

Detached Attachment । स्वतंत्रता की चाबी

एक बहुत अच्छा सूत्र है, (Detached Attachment) यानी अनासक्त रूप से आसक्ति रखना; अर्थात कर्म करो, फल की इच्छा मत करो। यदि इस सूत्र को हम अपना लें तो जीवन सुखी हो जाएगा लेकिन तुरंत मन में एक प्रश्न उठता है कि बिना फल की चाह के भला कोई काम क्यों करेगा? चींटी भी अगर अपने बिल से निकलती है तो शक्कर का दाना लेने के लिए निकलती है। बिना फल की चाह के तो कोई क्रिया होती ही नहीं है तो फिर अपेक्षा से रहित होने को क्यों कहा जा रहा है? आइए इस बात को एक कहानी के जरिए समझते हैं।

एक पंद्रह साल का लड़का गुरु के पास जाता है और गुरु से निवेदन करता है, "मुझे तलवार चलाना सीखना है, इसमें मुझे कितना समय लगेगा?" गुरुजी ने कहा, "पाँच वर्ष लगेंगे।" बालक ने कहा," पाँच वर्ष तो बहुत ज्यादा होते हैं। अगर में दोगुनी मेहनत करूँ तो मुझे कितने वर्ष लगेंगे?" गुरुजी ने कहा, "दस वर्ष लगेंगे।" बालक ने हैरानी से कहा, "आप मेरी परेशानी समझिए। मेरे पिता बूढ़े हैं, अगर मैं इतने वर्ष यहाँ रुक गया तो उनकी देखभाल नहीं कर पाऊँगा। मुझे जल्दी सीखकर उनके पास पहुँचना है ताकि मैं उनका ध्यान रख सकूँ इसीलिए मुझे तलवार चलाना जल्दी सीखना है।" गुरुजी ने शांत भाव से कहा, "अब तुम्हें पच्चीस वर्ष लगेंगे।" बालक ने आश्चर्य से कहा ऐसा क्यों कह रहे हैं आप?" गुरुजी ने जवाब दिया, "जब कोई व्यक्ति सहज होकर कार्य

करता है, तो वह पूर्ण समर्पित होकर कर पाता है लेकिन यदि उसे फल प्राप्ति की हड़बड़ी है तो वह अपना 100 प्रतिशत कभी नहीं दे सकता इसलिए उसे उस मंजिल को पाने में अधिक समय लगेगा।"

लक्ष्य को पाने के लिए जो आकुलता हम पैदा कर लेते हैं, वह नहीं होना चाहिए। उस बेचैनी के कारण हम मंजिल से दूर हो जाते हैं। डिटैच्ड अटैचमेंट का अर्थ है कि प्रक्रिया में हम पूरी लगन से जुट जाएँ; परन्तु परिणाम से खुद को अलग कर लें। यानी हम मंजिल को चाहने की जगह, मंजिल तक पहुँचाने वाले रास्ते को चाहें। जब हम लक्ष्य प्राप्ति की प्रक्रिया से गुजरें तो फल पाने की आकुलता न रखें अपितु लक्ष्य तक पहुँचाने वाली प्रक्रिया के लिए पूर्ण समर्पित हों, जोश से भरे हो।

इसका अर्थ यह नहीं समझना कि हम अपने सपनों के बारे में सोचना छोड़ दें। बार-बार उनकी भावना भाना छोड़ दें। जैन शास्त्रों में भी आता है कि जिस लक्ष्य को हम पाना चाहते हैं उसके बारे में बार-बार चिंतन करें, उसी की भावना भाएँ, उसके बारे में दूसरों से पूछें, उसी के प्रश्न करें। लेकिन यह इसलिए कि इससे हमें रास्ते पर चलने के लिए, प्रोसेस फॉलो करने के लिए प्रोत्साहन और जोश मिलता है। यह समझने की कोशिश कीजिए कि सकारात्मक रूप से अपने लक्ष्य का चिंतन करने से कभी भी एंक्जाइटी पैदा नहीं होती। एंक्जाइटी तब पैदा होती है जब हम लक्ष्य में ही खो जाते हैं, बार-बार बस यही सोचते रहते हैं कि लक्ष्य मिलेगा या नहीं मिलेगा, अगर लक्ष्य नहीं मिला तो क्या होगा? और इसी सोच में डूबकर अपने कर्तव्यों में कमी कर देते हैं। बस यहीं से हम अपने मार्ग से भटक जाते हैं और मंजिल हमसे दूर हो जाती है।

प्रारंभिक अवस्था में हम मंजिल को प्राप्त करने के लिए सपने देखें, उसके लिए ही चिंतन करें क्योंकि तभी हम उस मंजिल के प्रति अपने अन्दर उत्साह पैदा कर पाएँगे, पर जब हम मार्ग पर चलने लगें तो फिर सिर्फ मार्ग पर ध्यान दें, फिर मंजिल को पाने की आकुलता ना करें।

कई विद्यार्थी कोचिंग के मॉक टेस्ट में तो अच्छे मार्क्स लेकर आते हैं परन्तु फाइनल एग्जाम में वे उतना स्कोर नहीं कर पाते। इंटरव्यू में व्यक्ति सब कुछ

समझते हुए भी नर्वस हो जाता है और जो आता है उसका जवाब भी नहीं दे पाता। इसका यही कारण है कि वो परिणाम से खुद को बहुत अधिक जोड़ लेते हैं। क्रिकेट में कुछ खिलाड़ी नर्वस 90 के शिकार हो जाते हैं। 90 रन बनाने के बाद वे 100 रन बनाने के प्रेशर में नर्वस हो जाते हैं और आउट हो जाते हैं।

इससे बचने के लिए एक और सूत्र है— "Be prepared for the worst" यानी बुरी से बुरी परिस्थिति के लिए तैयार रहो। अगर व्यक्ति पहले से ही अपने मन को तैयार कर लें कि अधिक से अधिक उसके साथ क्या बुरा हो सकता है तो वह कभी भी परिणाम को लेकर अधिक आतुर नहीं होगा और रिलैक्स रहकर अपने कर्तव्यों का पालन करेगा। "the person who has nothing to loose, always perform better." अर्थात जिसके पास खोने के लिए कुछ नहीं होता उसके पास सब कुछ पाने के लिए ही होता है। जब व्यक्ति के मन से खोने का डर निकल जाता है तो उसकी ऊर्जा सही दिशा में कार्य करती है।

यह सूत्र जीवन के अन्य क्षेत्रों पर भी लागू होता है। जैसे हम रिश्तों में अपने कर्तव्य का पालन बहुत अच्छे से करें परन्तु बदले में सामने वाले से किसी प्रकार की अपेक्षा न रखें। असल जीवन में हम रिश्तों को प्रेम और समर्पण के साथ निभाते हैं और यह उम्मीद रखते हैं कि सामने वाला भी हमारा ध्यान रखे, सेवा करे। लेकिन जब हमारी यह उम्मीद पूरी नहीं हो पाती तो हमें बहुत दुख होता है। यदि हम यह सब भूलकर सिर्फ निस्वार्थ भाव से रिश्तों को निभाएँ और बदले में सामने वाले से फल की उम्मीद न रखें तो हमें कभी दुःख नहीं होगा। रिश्तों में कभी लेन-देन का भाव होना ही नहीं चाहिए कि मैंने सामने वाले के लिए कुछ किया तो वह भी मेरे लिए करे। रिश्ते तो बिना किसी अपेक्षा रखे निभाने चाहिए।

इसे हम आध्यात्मिक दृष्टिकोण से समझकर भी जीवन में उतार सकते हैं। महाकवि तुलसीदास जी ने कहा है—

तुलसी जग में यूं रहो, ज्यों रसना मुख माहीं,

खाती नित ही तेल-घी, फिर भी चिकनी नाहीं।

शरीर के किसी भी हिस्से पर घी लगाया जाए, वह चिकना हो जाएगा लेकिन यह जीभ की विशेषता है कि वह नित्य तेल और घी खाते हुए भी कभी चिकनी नहीं होती।

जब आग पर रोटी बनाई जाती है तो रोटी बनाने वाला क्यों नहीं जलता क्योंकि आग से दूरी रखी जाती है। बस इसी तरह से हमें संसार में रहना है। सबके बीच रहें परन्तु अपने भीतर सबसे दूरी बनाए रखनी है। शास्त्रों में आया है कि ऐसा कौन व्यक्ति है जो सारी क्रियाएँ करते हुए भी नहीं करता है? वह व्यक्ति जो सारी क्रियाएँ सिर्फ कर्तव्य मानकर करता है। ऐसा व्यक्ति साक्षी भाव से अपने आस पास होने वाली घटनाओं को भी सिर्फ होते हुए देखता है, उनसे खुद को जोड़ता नहीं।

इसके लिए भेद विज्ञान की दृष्टि पैदा करनी पड़ेगी। भेद विज्ञान का अर्थ है कि जो भी मेरे आस पास है, जो मुझे दिख रहा है, वह सब मुझसे भिन्न है, एक दिन मुझसे छूटने वाला है। ऐसे व्यक्ति को कोई भी व्यक्ति, कोई भी परिस्थिति दुःख नहीं पहुँचा सकती क्योंकि वह सच जानता है कि यह शरीर, बच्चे, परिवार, घर, पैसा आदि सब नश्वर है। तो जब मेरा कुछ है ही नहीं, तो फिर इनसे क्यों जुड़ना? इनके नष्ट होने से मेरा कुछ नहीं बिगड़ेगा तो मैं क्यों घबराऊँ? ऐसे व्यक्ति को किसी भी परिस्थिति में अधिक टेंशन नहीं होती क्योंकि वह सिर्फ कर्तव्य करता है, फल से उसे कोई अपेक्षा नहीं होती। वह हमेशा खुश रहता है।

इस सूत्र को हमें सुख रूपी मंजिल को पाने के लिए भी लगाना चाहिए। हम अपने जीवन को सुखी बनाने के लिए बहुत आतुर रहते हैं पर कार्य विपरीत करते हैं। जब तक हम सही प्रोसेस को नहीं अपनाएंगे तब तक हम सुखी नहीं हो सकते। इसलिए सुख पाने के लिए आकुल होने की जगह हम उस तक पहुँचाने वाले मार्ग को चाहें तो सुख स्वतः ही हमें मिल जाएगा। सर्वप्रथम हमें सुख में बाधक कारणों को जीतना होगा, अपने मनोविकारों को जीतना होगा, मन को शांत करने के लिए हम मेडिटेशन का सहारा ले सकते हैं, हम अपनी

एंग्जायटी को कम करने के लिए माइंडफुल रहना सीखें। आत्म विश्लेषण करके अपनी शक्ति को पहचानकर जब हम स्वयं को सकारात्मक रूप में बदलना शुरू करेंगे तभी हम सुखी हो पाएँगे। जब हम सही ऊर्जा के साथ, 100% समर्पण के साथ सही मार्ग पर चलेंगे तो सुख रूपी मंजिल का मिलना तो तय है फिर उसके लिए बार-बार सोचकर घबराना क्यों?

आइए एक अभ्यास करें (ईमानदारी से दे जवाब)

1. जीवन की कोई ऐसी घटना बताइए जब आपने मंजिल पर ध्यान न देकर सफर का पूरा आनंद लिया हो?
2. किसी अपने के प्रति कर्तव्यों का पालन करके क्या आप बदले में कुछ पाने की उम्मीद रखते हैं?
3. जब आप किसी अनजान के प्रति इंसानियत के नाते कोई भलाई का काम करते हैं, तो क्या सोच कर करते हैं?

मैं निस्वार्थ भाव से अपने कर्तव्यों का पालन करता हूँ।
मैं जीवन के इस सफ़र को आनंद के साथ जीता हूँ।
मेरा जीवन हर दिन बेहतर हो रहा है।
मेरे लिए खुद को सकारात्मक दिशा में बदलना सरल है।
मैं अपने आस-पास प्रेम और शांति महसूस करता हूँ।

22
सकारात्मक सोच का महत्त्व

हमारे सोचने का तरीका हमारे जीवन को सुखमय या दुखमय बनाता है। जैसी हमारी सोच होती है, वैसे ही शब्द हमारे मुख से निकलते हैं और वैसा ही हमारा व्यवहार हो जाता है। शारीरिक क्रियाओं की एक सीमा होती है लेकिन हमारा मन चौबीस घंटे सक्रिय रहता है, नींद में भी हमारे मन में कुछ ना कुछ विचार चलते रहते हैं। चाहे हम कुछ भी बोलें या कुछ भी करें, उसकी रूपरेखा पहले मन में ही बन जाती है। हमारे जीवन का अधिकांश समय सोचने में ही व्यतीत होता है।

हमारी सोच उस दृष्टिकोण पर भी आधारित होती है जिससे हम दुनिया को देखते हैं। शहरों में कचरे के ढेर भी होते हैं और सुन्दर बाग-बगीचे भी। सब अपने दिन की शुरुआत सुन्दर बाग बगीचों में टहलकर करना पसंद करते हैं। कोई भी व्यक्ति कूड़ाघर को पसंद नहीं करता। घर में भी हम कचरा पसंद नहीं करते, थोड़ा गंदा होते ही सफाई कर देते हैं परंतु मन की गंदगी को कोई साफ नहीं करता। मन की गंदगी का अर्थ है—वे विचार जो हमें नीचे की ओर लेकर जाते हैं, जो किसी की निंदा के होते हैं अथवा जो हमने कई साल से पकड़कर रखें है और वे हमें निराशा की ओर लेकर जाते हैं।

मन से व्यक्ति वही कार्य करता है जिसे करना वह पसंद करता है। अगर व्यक्ति अपने मन में नकारात्मक विचारों को ही चुनता है तो इसका अर्थ है

कि उसे गंदगी और कचरा ही पसंद है। हम यह देखें कि हमारे विचार हमारे जीवन को ऊँचाइयों की ओर लेकर जाने वाले हैं अथवा नीचे की ओर? जाने-अनजाने में कितनी निराशावादी बातें हमारे मन में अपना घर बना लेती हैं। बाहर के कचरे को तो कोई पसंद नहीं करता परंतु मन के कचरे को व्यक्ति छोड़ना नहीं चाहता। दस साल पहले सास ने कुछ कहा और वो आज तक मन में बैठा है, पत्नी ने उस समय ऐसा बर्ताव किया था जो आज तक याद है, मित्र ने तीन साल पहले मदद नहीं की थी वो स्वार्थी है . . . आदि कितने विचारों को हमने मन में रोका हुआ है? व्यक्ति चाहता तो यही है कि उसके मन में सकारात्मक विचार ही पैदा हो परंतु फिर मन में वही-वही नकारात्मक विचार स्वतः ही उठने लगते हैं। हमारे घर में यदि कोई दूसरा आकर कचरा फेंक दे तो हमें गुस्सा आएगा परंतु मन को तो हम स्वयं ही कचरे से भरते रहते हैं।

यह बहुत जरूरी है कि निराशावादी सोच वाले व्यक्तियों से बचकर रहा जाए क्योंकि वे अपनी गंदी सोच का कचरा हमारे दिमाग में भरने के लिए हमेशा तैयार रहते हैं। हमें हमेशा अच्छा और सकारात्मक बोलने वाले व्यक्तियों का अपनी जिंदगी में स्वागत करने को तैयार रहना चाहिए क्योंकि उनकी संगति हमारी जिंदगी को और भी अधिक सुन्दर और बेहतर बना देगी।

क्या कभी सोचा है कि विश्व के टॉप 1%-2% लोगों के पास ही पूरे विश्व की 95% दौलत क्यों है? ऐसा नहीं कि वे कोई असामान्य लोग होते हैं, जन्म तो उनका सबके बीच ही होता है, बस उनके सोचने का तरीका असामान्य होता है, वह हमेशा भीड़ से हटकर सोचते हैं। पिरामिड हमेशा नीचे से चौड़ा होता है और जैसे-जैसे ऊपर जाओ वह छोटा होता जाता है। इसी प्रकार दुनिया में निचली अवस्था में रहने वाले, नकारात्मक सोच को लिए हुए अधिक लोग मिल जाएँगे परन्तु जीवन को ऊँचाइयों तक पहुँचाने वाले लोगों की संख्या बहुत कम रहती है।

सबसे ज्यादा यह मायने रखता है कि किसी भी कार्य या परिस्थिति के लिए हमारे दिमाग में सबसे पहला विचार क्या आता है, हमारे मन-वचन-काय की पहली प्रतिक्रिया क्या होती है? किसी भी कार्य के लिए हमारे मन में पहला इंट्यूशन क्या आता है? क्योंकि जब पहला कदम सही दिशा में उठता

है तो पीछे के सारे कदम उसी दिशा की ओर बढ़ते हैं और जब पहला कदम निराशावादी सोच के साथ बढ़ता है तो सारे कदम निराशा की ओर ही बढ़ते हैं। अगर हम किसी लक्ष्य के प्रति पहला विचार यह लाएँगे कि मैं यह जरूर हासिल कर लूँगा तो मानकर चलना हम वह अवश्य प्राप्त कर लेंगे, परंतु जब पहला विचार ही नकारात्मक होगा तो हमारा मस्तिष्क भी इसी प्रकार से तैयारी प्रारंभ कर देता है। यह भी ध्यान देना जरूरी है कि हमारे दिन की शुरुआत किस विचार के साथ होती है, हम सबसे पहले कौन सा कार्य करते हैं, सबसे पहले कौन से शब्द बोलते हैं।

दिनभर की छोटी-छोटी परिस्थितियों में हमारी प्रतिक्रियाएँ मायने रखती हैं, इन्हीं के कारण धीरे-धीरे हमारी मानसिकता नकारात्मकता की ओर बढ़ने लगती है। कुछ लोगों के मन में पहला विचार हमेशा नकारात्मकता को लिए हुए होता है। जैसे किसी भी लक्ष्य को बनाते ही उन्हें असफलता का डर सताने लगता है, इंटरव्यू के लिए निकलने से पहले ही यह सोच घेर लेती है कि सलेक्शन नहीं हुआ तो क्या होगा, जीवन में सब कुछ अच्छा चलने पर भी वह डरते हैं कि कल कुछ हो न जाए। ऐसी मानसिकता वाला व्यक्ति कुछ बड़ा होने पर उसे झेल नहीं पाएगा। अगर हमें मजबूत बनना है, सकारात्मक बनना है तो हमें छोटी-छोटी कठिनाइयों के प्रति भी अपना दृष्टिकोण सकारात्मक रखना होगा।

निराशावादी व्यक्ति हर अवसर में मुश्किलों को देखता है जबकि आशावादी हर मुश्किल में अवसर को देखता है। जब हम किसी काम को असंभव के रूप में सोचते हैं तो हमारा दिमाग उपस्थित होने वाली बाधाओं को सामने रखने लगता है और जब हम किसी काम को संभव के रूप में देखते हैं तो हमारा दिमाग हमारे सामने कई रास्ते खोल देता है। रास्ते तब नज़र आते हैं जब हमारे सोचने की प्रक्रिया सकारात्मक होती है। आशावादी व्यक्ति दो दिन के बीच एक रात देखता है और निराशावादी सोच वाला व्यक्ति दो रात के बीच एक दिन देखता है। हमें अपने पैरों से भी सीख लेनी चाहिए। चलते समय जब एक पैर आगे रहता है तो दूसरा पैर पीछे रहता है। ऐसे में दूसरा पैर

कभी भी निराश नहीं होता क्योंकि वह यह जानता है कि अगला नंबर उसका है और आगे वाला पैर कभी अभिमान से नहीं भरता क्योंकि वह जानता है कि अगले क्षण उसे भी पीछे आना पड़ेगा।

हमारा जीवन सिर्फ सोच का खेल मात्र है, जैसा हम सोचेंगे वैसा जीवन हो जाएगा। हमारे जीवन में यदि नकारात्मकता है तो इसमें दूसरों का दोष कम है और हमारा खुद का दोष ज्यादा है क्योंकि जैसे शब्द हम अपने लिए बोलते जाएँगे हमारा जीवन भी वैसा ही होता जाएगा। अब यह हमारे हाथ में है कि हमें अपने जीवन को कैसा बनाना है।

एक सेमिनार में एक मोटिवेशनल स्पीकर अपनी बात रख रहा था। वह लोगों को एक प्रयोग करके दिखा रहा था। उसने एक बाल्टी मंगवाई और उसमें वह ईंट भरने लगा। बाल्टी में ईंटें इतने अच्छे तरीके से फिट नहीं होती जैसे किसी बॉक्स में होती है लेकिन फिर भी उसने पूरी बाल्टी को ईंटों से भर दिया। पूरी बाल्टी को ईटों से भरने के बाद उसने पूछा- "बताइए इसमें और ईंटें आ सकती हैं या नहीं?" सबने कहा "नहीं, इसमें और ईंटें नहीं आ सकतीं।" वहीं पास में ईंटों के छोटे टुकड़े पड़े हुए थे।

बाल्टी का आकार गोल था और ईंटों का आकार आयताकार था इसीलिए बीच-बीच में बहुत सारी जगह नजर आ रही थी और इसी जगह में उसे मोटिवेशनल स्पीकर ने ईंटों के छोटे-छोटे टुकड़ों को भर दिया। जब उसने बाल्टी को टुकड़ों से पूरी तरह से भर दिया तो उसने दोबारा से प्रश्न पूछा, "अब बताएँ इसमें और कुछ भरा जा सकता है या नहीं?" लोगों ने फिर जवाब दिया, "अब इसमें और कुछ नहीं भरा जा सकता।"

पास ही पड़ी रेत के ढेर से रेत उठाकर उस मोटिवेशनल स्पीकर ने बाल्टी में भर दी। अब बाल्टी इतनी भर गई थी कि उसमें कहीं कोई खाली स्थान नजर नहीं आ रहा था। स्पीकर ने फिर से प्रश्न पूछा, "अब बताइए इसमें कुछ भरा जा सकता है या नहीं?" लोगों ने पूरे विश्वास के साथ कहा कि बाल्टी में अब कुछ नहीं भरा जा सकता। स्पीकर ने उस बाल्टी में पानी डाल दिया। ठसाठस भरी हुई बाल्टी में भी दो लीटर पानी आराम से आ गया।

जीवन में कई बार ऐसा होता है, जब हमें ऐसा लगता है कि हमारी समस्या का कोई समाधान नहीं है तब भी बहुत सी संभावनाएँ विद्यमान रहती हैं। जिस बाल्टी के भीतर सबको कोई संभावना नजर नहीं आ रही थी, उसमें अब भी कुछ संभावना बाकी है। अगर हम उस बाल्टी में इत्र छिड़क दें तो अब वह बाल्टी सुगंधी से भी भर जाएगी। सारा खेल हमारी सोच का होता है। जब-जब हमारे मन में यह विचार आने लगता है कि जीवन अब मुश्किलों से पूरा भर चुका है और अब कोई रास्ता ही नहीं बचा, उस समय अगर हम सकारात्मक दृष्टि से सोचें तो हमें वहाँ भी रास्ता अवश्य मिल जाएगा।

यह हमारे नजरिए पर निर्भर है कि हम गुलाब की खूबसूरती देखते हैं या कांटों को देखते हैं। सकारात्मक सोच वाले लोग गुलाब के फूल को देखकर कहते हैं, "कांटों के बीच कितना सुन्दर फूल खिला है, कितनी अच्छी खुशबू बिखेर रहा है। मन को खुश कर देने वाला यह फूल कितना प्यारा है।" इसके विपरीत नकारात्मक सोच वाला व्यक्ति यह कहेगा, "इस फूल के आसपास कितने कांटे हैं।" हमें यह मानकर चलना चाहिए कि यदि हम गुलाब चाहते हैं तो कांटों को भी स्वीकार करना होगा। यदि हम दिन चाहते हैं तो रात को भी स्वीकार करना होगा। यदि हम सुख चाहते हैं तो दुख तो साथ में आएगा ही। यदि हम सूर्योदय देखना चाहते हैं तो सूर्यास्त के अस्तित्व को स्वीकार करना ही होगा। शीत ऋतु का आनंद हम चाहते हैं तो हमें गर्मी को भी सहना होगा। इसका अर्थ यह है कि यदि हम सुख को तलाशना चाहते हैं तो दुख को सहे बिना यह संभव नहीं हो सकता। यदि हम दुख में भी सकारात्मक सोच बनाए रखेंगे तो सुख की प्राप्ति अवश्य होगी।

आइए एक अभ्यास करें (ईमानदारी से दें जवाब)

1. जब आपने अपने आप को किसी बड़ी मुसीबत में पाया तब आपकी पहली प्रतिक्रिया कैसी थी?
2. जीवन में कौनसी बड़ी समस्याओं का समाधान आपने सकारात्मक सोच के साथ किया है? अपना अनुभव लिखें।

3. क्या आज आपको ऐसा लगता है कि यदि आपने जीवन में सकारात्मक सोच रखी होती तो कुछ समस्याएँ आसानी से सुलझ गई होतीं?

मैं बहुत ही सरलता से अपने जीवन को सकारात्मक दिशा में बदल रहा हूँ।
मैं केवल सकारात्मक विचारों को चुनता हूँ।
मैं हर परिस्थिति में सकारात्मक संभावनाएं देखता हूँ।
जीवन के लिए मेरा नजरिया बेहतर हो रहा है।
मैं अपने चारों ओर सकारात्मक तरंगों को महसूस करता हूँ।

23

आत्मविश्लेषण–स्वयं तक पहुँचने की राह

अक्सर हम यही सोचते हैं कि लोग बदल जाएँगे तो हमारी जिंदगी सुन्दर हो जाएगी। हमारी सारी कोशिश बाहरी दुनिया को बदलने की होती है जबकि होना इसका उल्टा चाहिए, यानि हमें खुद को बदलने का प्रयास करना चाहिए क्योंकि यदि हम खुद को ही नहीं बदल सकते तो दूसरों को बदलने की कैसे सोच सकते हैं?

कितना समय हम अपने बारे में सोचते हैं और कितना समय दूसरों के बारे में सोचते हैं? परिवर्तन की शुरुआत हमें स्वयं से करनी होगी। जब अंडा भीतर से स्वतः फूटता है तो जीव का सृजन होता है और जब उसे बाहरी ताकत तोड़ती है, तो जीवन का अंत हो जाता है। यदि हम यह चाहते हैं कि हमारा जीवन बहुत सुन्दर और सुखी हो तो बाहरी शक्ति नहीं बल्कि अपनी भीतरी शक्ति पर विश्वास रखते हुए आगे बढ़ना होगा। एक अच्छी शुरुआत हमेशा भीतर से बाहर की ओर होती है, बाहर से भीतर की ओर नहीं। जब भीतरी शक्ति प्रगट होती है, तभी बाहर कुछ हासिल किया जा सकता है।

प्रायः हम सभी को परेशानी बाहर दिखती है, पर हम यह नहीं समझते कि समाधान हमें अपने भीतर ही मिलेगा। उस समाधान को ढूँढ़ने के लिए हमें बाहर के माहौल से थोड़ा अलग होकर स्वयं के भीतर झांकना होगा।

एक व्यक्ति मिट्टी में एक बीज बो देता है। जैसे-जैसे वह बीज अंकुरित होता है तो वह पौधे का रूप ले लेता है। अब वह व्यक्ति पौधे को नित्य पानी देने लगता है परंतु कुछ दिनों में वह देखता है कि उसके पौधे ने बढ़ना बंद कर दिया। इससे व्यक्ति परेशान हो जाता है, फिर कोई उसे बताता है कि हमें पौधे को नहीं बल्कि जड़ को पानी देना होता है। फिर व्यक्ति ने जड़ में पानी डालना शुरू कर दिया परंतु फिर भी उसका पौधा नहीं बढ़ता। वह पौधे के आसपास की मिट्टी को हटाकर कारण जानने की कोशिश करता है तो देखता है कि पौधे की जड़ में तो कीड़े लग गए हैं जिस कारण जड़ को पूर्ण रूप से पोषण नहीं मिल पा रहा। जब वह कीड़े निकालकर अलग करता है और फिर जड़ में पानी देता है तब जाकर उसका पौधा बढ़ना शुरू होता है।

इसी प्रकार जितना प्रेम, जितनी सद्भावना हम अपने उज्ज्वल भविष्य को लेकर करते हैं, उतने ही अच्छे से उन कारणों को जानने की कोशिश भी करनी चाहिए जो हमें आगे नहीं बढ़ने देते हैं। यदि हम अपने निर्धारित लक्ष्य तक पहुँचना चाहते हैं तो सबसे पहले अपनी जड़ में लगे उन कीड़ों को निकालकर अलग करना होगा जो हमें धीरे-धीरे खोखला कर रहे हैं। हमने शास्त्र बहुत पढ़ लिए, प्रवचन भी बहुत सुन लिए, अब अपना अध्ययन करना है। हमारी जड़ में लगे कीड़ों को कोई और हमें नहीं दिखा सकता, उन्हें हमें स्वयं ढूँढ़कर निकालना होगा।

यह अक्सर देखा जाता है कि हम वही बनने लगते हैं, जैसा हम दुनिया को दिखाते हैं। लेकिन सच्चाई यह है कि दुनिया के सामने कभी भी किसी व्यक्ति का असली रूप प्रकट नहीं होता। बाहरी दुनिया हमें केवल उतना ही जानती है, जितना हम उसे दिखाते हैं, परंतु हमारा वास्तविक स्वरूप केवल हम स्वयं जानते हैं। हमारा मन भली-भांति समझता है कि हम वास्तव में कैसे हैं।

दुनिया के सामने एक बीमार व्यक्ति स्वयं को स्वस्थ मानने लगता है, एक बेईमान व्यक्ति खुद को ईमानदार समझता है और मंदिर में जाकर कोई व्यक्ति स्वयं को धार्मिक दिखाने का प्रयास करता है। जब हम दूसरों के सामने होते हैं, तो हमारे भाव उनके अनुसार बदल जाते हैं, लेकिन जब हम अकेले

होते हैं, तो वही भाव हमारे मन में आते हैं जो हमारी सच्ची प्रकृति को दर्शाते हैं। यही कारण है कि कुछ लोग अकेले में बैठकर आत्म-विश्लेषण करने से डरते हैं, क्योंकि जैसे ही वे आँखें बंद करते हैं, उनका असली चेहरा उनके सामने आ जाता है। अधिकांश लोग भ्रम में जीना पसंद करते हैं कि वे बहुत अच्छे हैं। लेकिन जब तक हम अपनी सच्चाई का सामना नहीं करेंगे, तब तक अपनी वास्तविकता तक नहीं पहुँच पाएँगे। जब हम एकांत में बैठकर आत्म-विश्लेषण करते हैं, तो हमें अपनी गलतियाँ साफ-साफ दिखने लगती हैं। फिर जब हमें अपनी भूलें स्पष्ट दिखाई देती हैं, तो हमें उन्हें स्वीकार करने और आवश्यक हो तो क्षमा मांगने के लिए भी तैयार रहना चाहिए।

जन्म के समय हमारी जिंदगी एक कोरे कैनवस की तरह होती है और जैसे-जैसे हम बड़े होते जाते हैं, उस कैनवस पर अपने मन की स्याही से चित्र बनाते जाते हैं। जिसका मन जैसा है वैसा ही चित्र कैनवस पर बनेगा। मृत्यु के समय यदि कैनवस पर नजर डाली जाए तो कुछ लोगों का कैनवस बहुत ही सुन्दर चित्र लिए हुए दिखाई देता है और कुछ लोगों का कैनवस आड़ी-तिरछी रेखाओं से भरा हुआ। यहाँ हमारी सबसे बड़ी गलती है कि हम जितना नकारात्मक देखते और सुनते जा रहे हैं, हमारे अवचेतन में वैसी ही फीडिंग होती जा रही है और उसी का असर हमारे काम करने के ढंग पर पड़ता है, उसी का असर हमारे नजरिये पर ही पड़ता है।

जीवन में हमें क्या करना चाहिए, कैसा बनना चाहिए, इसे हम दर्शन कहते हैं लेकिन जब हम इसे जीवन में कार्यान्वित करते हैं तो यह धर्म कहलाता है अर्थात जो हमने देखा, सुना और सीखा है जब हम उसे धारण कर लेंगे तो वह धर्म बन जाएगा। धर्म हमारे कर्म का पर्याय है। हम अपनी सारी ऊर्जा किसी कर्म में लगाते हैं लेकिन इस ऊर्जा का प्रयोग कैसे करना है, यहाँ हमसे कुछ गलतियाँ हो जाती हैं जैसे कि हम माता-पिता, पत्नी या बच्चों को अपने अनुसार बदलने की कोशिश करते हैं जबकि हमें अपनी ऊर्जा का प्रयोग वहाँ करना चाहिए जहाँ हम अपने भीतर मनचाहा बदलाव ला सकें। यानि हम अपनी ऊर्जा को उस क्षेत्र में लगाएँ, जहाँ हमारा नियंत्रण है। प्रायः सबकी दृष्टि

बाहरी वातावरण पर रहती है, उसी को बदलने की कोशिश में काफी समय निकल जाता है लेकिन अपने भावों पर कोई ध्यान नहीं देता। हम अपने भावों को बेहतर बनाने की दिशा में काम करने लग जाएँ तो हमारे जीवन का कैनवस बहुत सुन्दर हो जाएगा। जिस समय यह जागृति हमें हो जाएगी, हमें एक नई दृष्टि मिल जाएगी।

जब जागो तभी सवेरा . . . अंधेरा चाहे कितना भी गहरा क्यों ना हो, कितना भी पुराना क्या ना हो, उसे दूर करने के लिए सिर्फ एक बटन दबाना जरूरी है, अंधकार दूर हो जाएगा। एक छोटा सा दीपक भी काफी है, बहुत ज्यादा न भी दिखे तो भी बहुत कुछ दिखने लगेगा। कई बार हम सोचते हैं कि इतने वर्ष बीत गए, अब क्या होगा, अब तो हम सांसारिक भंवर में फंस गए हैं, दिशाहीन हो गए हैं, अब क्या होगा। यह कहने के बजाय उम्मीद को अपने मन में जगाकर नई शुरुआत की पहल करनी चाहिए। इस बात को हम गुरु-शिष्य की एक कहानी के जरिए बेहतर रूप से समझ सकते हैं।

एक बार की बात है, गुरु अपने एक शिष्य के साथ सभा के लिए जा रहे थे। वह शिष्य गुरु पर पूरा स्नेह नहीं रखता था और अक्सर उन्हें गलत साबित करने के अवसर ढूँढ़ता रहता था। जब वे एक जंगल से गुजर रहे थे तो उस शिष्य ने गुरु से पूछा, "क्या इस पौधे पर कभी पुष्प लगेंगे?" गुरु ने कुछ समय के लिए अपनी आँखों को बंद कर लिया और फिर जवाब दिया, "हाँ . . . अवश्य लगेंगे।" शिष्य ने उसी समय उस पौधे को उखाड़कर फेंक दिया और जोर-जोर से ठहाके लगाने लगा। फिर वह बोला, "आप तो बड़े ज्ञानी हैं . . . मैंने पौधे को उखाड़ कर फेंक दिया . . . अब बताइए कैसे लगेंगे इसमें फूल?" गुरु ने शिष्य से कुछ नहीं कहा। दोनों वहाँ से सभा के लिए आगे बढ़ गए। बरसात का मौसम था। मार्ग यात्रा करने लायक नहीं था। गुरु और उनके शिष्य सभा स्थल पर लगभग एक सप्ताह रुक गए। लौटने का मार्ग वही था जिससे वे आए थे।

गुरु अपने शिष्य के साथ उसी स्थल पर पहुँचे जहाँ शिष्य ने उनसे प्रश्न किया था। शिष्य ने उस पौधे को देखा जिसे उखाड़कर उसने फेंका था। वह

पौधा हरा-भरा और फूलों से भरा हुआ था। यह देखकर शिष्य को बहुत आश्चर्य हुआ। शिष्य ने गुरु से पूछा, "इस पौधे को तो मैंने उखाड़कर फेंक दिया था। यह वापस कैसे लग गया?" गुरु ने शिष्य से कहा, "यह समय वर्षा ऋतु का समय है . . . इस पौधे ने जमीन को पकड़ लिया और फिर से पनपकर फल-फूल गया। इसे कोई नहीं उखाड़ सकता क्योंकि यह जीना चाहता है। इसमें अभी जिजीविषा है, यह कठिन चुनौतियों में भी अपने आप को जीवित रखना जानता है। यही कारण है कि तुम्हारे द्वारा उखाड़ फेंकने पर भी यह पुनर्जीवित खड़ा है।" शिष्य अपने व्यवहार पर बहुत लज्जित हुआ और उसने गुरु से क्षमा मांगी।

यदि हम अपने भावों को बदलने की शुरुआत कर दें तो हमारी जिंदगी भी बदलनी शुरू हो जाएगी। यह मानकर चलना चाहिए कि जीवन में परेशानियाँ तो आएँगी ही। लोग मुसीबतों का पहाड़ खड़ा करने की कोशिश भी करेंगे हमसे ईर्ष्या भी करेंगे, षड्यंत्र और चालें भी चलेंगे, हमें मानकर चलना चाहिए कि संसार में रहते हुए यह सब मिलना स्वाभाविक है। यदि हम यह सोच बना लेंगे तो बाधाएँ हमें कभी परेशान नहीं करेंगी और हम सुख प्राप्ति की मंजिल की ओर अधिक मजबूती से कदम बढ़ा पाएँगे।

अभ्यास

मैनेजमेंट में एक शब्द आता है—स्वॉट एनलाइसिस
SWOT ANALYSIS :

S- STRENGTH (ताकत)
W- WEAKNESS (कमजोरी)
O- OPPORTUNITIES (अवसर)
T- THREATS (खतरे)

दिन भर में तीस मिनट स्वयं के लिए निकालें और लिखें कि आपके भीतर

कौन-कौन से गुण हैं जो आपकी ताकत हैं। अपनी दिनचर्या में पाँच ऐसी आदतें शामिल करें जिनसे आप और बेहतर बनेंगे। वह बदलाव शारीरिक स्वास्थ्य में हो सकते हैं, मानसिक स्वास्थ्य में हो सकते हैं या व्यावहारिक रूप से हो सकते हैं। यह चुनाव आपको करना है कि आपको किस क्षेत्र में स्वयं पर अधिक ध्यान देना है।

देखें कि आपके भीतर किस प्रकार की कमजोरी है, यानी आपके भीतर कौन-कौन सी बुराइयाँ प्रवेश कर चुकी हैं जो आपके और लक्ष्य के बीच आ जाती हैं। हर दिन इनमें से कोई भी एक बुराई के त्याग का संकल्प लें। यह संकल्प कुछ दिन के लिए भी ले सकते हैं और जीवन भर के लिए भी ले सकते हैं। इस प्रकार आप धीरे-धीरे अपनी बुराइयों को छोड़ पाएँगे।

खुले दिमाग से देखें कि आपको जीवन में कौन-कौन से अवसर प्राप्त हुए हैं जिनका सदुपयोग करके आप स्वयं को ऊँचाइयों तक लेकर जा सकते हैं। उन अवसरों को अपनी डायरी में लिखें और उनके लिए कृतज्ञता का भाव मन में लाएँ।

अंत में देखें कि आपके जीवन में कौन-कौन से खतरे हैं। खतरों से अर्थ है कि कौन-कौन से कारणों के मिलने पर आप सरलता से पतन की ओर प्रेरित होते हैं, विचारों के माध्यम से या क्रियाओं के माध्यम से या आप अपने ऊपर कब-कब नियंत्रण खो देते हैं, किन कारणों से खो देते हैं। इन कारणों को लिखें और प्रतिदिन मात्र एक कारण को त्यागने का संकल्प लें।

दिन के अंत में सोने से पहले स्वयं को बधाई दें कि आज आपने खुद को एक स्तर और बेहतर बनाया, अपने आप को इसके लिए शाबाशी और धन्यवाद दें। खुद को याद दिलाएँ कि आप एक सुखी और सुन्दर जीवन पाने के योग्य हैं। इस अभ्यास से धीरे-धीरे आपके भीतर गुणों का विकास होता जाएगा और आप हर दिन पहले से बेहतर बनेंगे। नीचे लिखे गए वाक्यों को दोहराएँ और अपने जीवन में सच के रूप में स्वीकारें। आप चाहे तो इन वाक्यों को मोबाइल की स्क्रीन पर या कमरे की दीवार पर लिखकर लगा सकते हैं जिससे बदलाव की इस यात्रा में आपका उत्साह बना रहेगा।

मेरा मन सद्भावों से भरा है।
जीवन के इस सफर में मैं हर दिन बेहतर हो रहा हूँ।
मेरा यह नया जीवन मेरी नई सोच का उपहार है।
मैं इस सुन्दर जीवन के लिए स्वयं को और ईश्वर को धन्यवाद देता हूँ।
बदलाव की इस यात्रा के प्रति मैं उत्साहित हूँ।
मैं सुख और प्रेम पाने के योग्य हूँ।

24

आभार (Gratitude) का चमत्कार

आभार जीवन में सबसे महत्त्वपूर्ण है, आभार की भावना से रहित जीवन भार स्वरूप ही रहता है। जब आभार की भावना हमारे मन में पैदा होने लगती है तो सारी दुनिया बहुत सुन्दर दिखने लगती है। आभार की भावना वह जादू है जो चमत्कारी रूप से हमारा जीवन बदलने की क्षमता रखती है।

हमारे जीवन में ऐसे बहुत सारे लोग आते हैं जिन्हें हम बिल्कुल पसंद नहीं करते। हमारी दृष्टि उनकी अच्छाइयों पर न जाकर उनकी कमियों को ही देखने में लगी रहती है। हर व्यक्ति जानता है कि हमेशा गुण ग्रहण का भाव रहना चाहिए। हम जिसे भी देखें, जिससे भी मिले हमारी दृष्टि उसके गुणों की ओर ही होनी चाहिए लेकिन फिर भी हर व्यक्ति को सामने वाले की कमियाँ ही नजर आती है। सिर्फ छोटों में ही नहीं, अपने से बड़ों में भी हमें कमियाँ नजर आ जाती हैं। यहाँ तक कि जो हमारे उपकारी हैं उनमें भी हम कमियाँ ढूँढ़ लेते हैं। यदि किसी व्यक्ति में 99% अच्छाइयाँ है और मात्र 1% कोई कमी है तो भी हमारा अहम हमें उसकी अच्छाइयों को देखने नहीं देता और उस 1% बुराई की ओर ही देखने के लिए प्रेरित करता है लेकिन ऐसा नहीं होना चाहिए। तो ऐसा कौन सा तरीका हम अपने जीवन में अपनाएँ कि हमें किसी के दोष नहीं अपितु उसके भीतर रहने वाले गुण ही नजर आएँ। अगर ऐसा हो गया तो हमारे जीवन का सर्वांगीण विकास हो

जाएगा। हम जो भी होना चाहते हैं, जो भी पाना चाहते हैं, वैसे ही हो जाएँगे और वह हमें मिल भी जाएगा।

गुणग्राही दृष्टिकोण को विकसित करने का सबसे अच्छा तरीका यह है कि हम आभार की भावना से भरना सीखे। दूसरों को समझने की समझ हमारे भीतर तभी पैदा हो सकती है जब हम उनके प्रति आभार की भावना से भरेंगे। जब हम दुनिया में सबका उपकार मानने की आदत अपने भीतर पैदा कर लेंगे तो हम बहुत जल्दी अपना व्यवहार सुन्दर बना पाएँगे।

सबसे पहले हम उस माँ के प्रति आभार की भावना से भरें जिसने स्वयं के लिए कुछ भी नहीं चाहकर, नौ महीने हमें पेट में रखकर हमारे भार को वहन किया। यदि वह व्यक्तित्व ना होता तो हमारा अस्तित्व इस दुनिया में ना होता। खर पतवार को उगाने के लिए किसी की आवश्यकता नहीं होती लेकिन एक फलदार वृक्ष बीज के माध्यम से ही बन पाता है। प्रकृति का नियम है कि जब भी कुछ अच्छा पैदा होता है तो उसके पीछे किसी न किसी का पुरुषार्थ अवश्य होता है। जीवन में कुछ अच्छा और सार्थक करने के लिए सबसे पहले हमें जन्म देने के लिए असीम कष्ट सहने वाली मां के प्रति आभार के भाव को मन में स्थान देना चाहिए। इसी तरह के भाव हमें अपने पिता के प्रति भी रखने चाहिए।

यदि हम जीवन में भीतर से अपना बदलाव करना चाहते है, यदि हम चाहते हैं कि हमारा व्यवहार हमारे अनुसार ही हो जाए, छोटी-छोटी बातों में हमें क्रोध न आए, सब तरफ सिर्फ अच्छा ही अच्छा नजर आए, हम जो चाहे उसे पा लें, तो हमें मात्र शब्दों से ही नहीं बल्कि सच्चे हृदय से आभार के भाव को अपनाना होगा।

भारतीय संस्कृति में आभार की भावना आरंभ से ही विद्यमान रही है। यहाँ बचपन से ही माता-पिता के चरण स्पर्श करना सिखाया जाता है ताकि उस बालक के मन में आभार की भावना विकसित हो सके। बचपन में पढ़ाई करते समय यदि आपका पैर पुस्तक को लग जाता था तो आप पुस्तक को माथे से लगा लेते थे। हमारे यहाँ मातृभूमि को माता मानकर पूजा जाता है।

पृथ्वी, जल, अग्नि और वायु को भी देव की संज्ञा दी गई है। इसके पीछे उनका उद्देश्य इन सबको देव मानकर पूजा करने का नहीं है अपितु उन पंच तत्वों के प्रति आभार की भावना से भरने का है जिनके बिना हमारा जीवन चल ही नहीं सकता।

वायु का हमारे जीवन पर बहुत उपकार है। यदि कुछ क्षण भी श्वास ना मिले तो व्यक्ति मछली की तरह तड़पने लगता है। इसी प्रकार जल के प्रति भी आभार का भाव मन में आना चाहिए क्योंकि जल को जीवन कहा जाता है। उसके बिना व्यक्ति जी ही नहीं सकता। जब व्यक्ति जल के प्रति आभार का भाव मन में रखेगा तो फिर वह जल का कभी दुरुपयोग नहीं कर पाएगा।

आभार की भावना का हमारे भीतर इतनी गहराई से प्रवेश होना चाहिए कि सिर्फ जीव मात्र के लिए ही नहीं बल्कि निर्जीव वस्तुओं के प्रति भी हमारा व्यवहार आभार के भाव से भरा हो।

एक बार एक जर्मन विद्वान एक बहुत बड़े धर्मगुरु से मिलने के लिए पहुँचा। वह जर्मन विद्वान मेडिटेशन और ध्यान की विभिन्न पद्धतियों पर कई वर्षों से अध्ययन कर रहा था और इसी सिलसिले में वह भारत आया था। वह जब उन धर्मगुरु के आश्रम में पहुँचा तो उसने कमरे का दरवाजा खोला और उसे जोर से बंद किया। फिर वहाँ रखा हुआ आसान खींचकर वहाँ बैठ गया। फिर उसने बड़े गर्व से अपना परिचय देते हुए कहा मैं जर्मन विद्वान हूँ, मैं ध्यान की विभिन्न पद्धतियों पर शोध कर रहा हूँ। मैं आपसे आपकी ध्यान विधि को सीखना चाहता हूँ।

यह सुनकर धर्मगुरु ने कहा, "आप जो प्रश्न लेकर आए हैं उनका समाधान बाद में करेंगे। पहले आपने जो गलती की है उस गलती की माफी मांगकर आइए।" जर्मन विद्वान को बड़ा आश्चर्य हुआ। उसने ऐसी भला क्या गलती कर दी थी और उसे किससे माफी मांगनी थी? उसने आश्चर्य से पूछा, "गुरुदेव! मुझे किससे माफी मांगनी है।" गुरु ने कहा, "आपने दरवाजा बहुत जोर से बंद किया है इसलिए पहले उस दरवाजे से माफी मांग कर आइए और इस आसन को आपने जोर से खींचा है, इससे भी माफी मांगिए।" वह जर्मन

विद्वान सोचने लगा कि ये तो मुझे निर्जीव वस्तुओं से माफी मांगने को कह रहे है। उसने उन गुरु से कहा, "इन जड़ वस्तुओं से माफी मांगने से क्या अर्थ है। इन्हें कौन सा कुछ महसूस होता है।" गुरुदेव ने जवाब दिया, "मैं बाकी सब बात बाद में करूँगा। पहले तुम इन दोनों से माफी मांगकर आइए।" जर्मन विद्वान को अपने प्रश्नों का समाधान चाहिए था इसीलिए वह बिना मन से उठा और दरवाजे के पास जाकर जोर से बोला, "सॉरी" और वापस आकर बैठ गया। गुरुदेव ने कहा, "इस तरह से नहीं विनम्रता से बोलो, ठीक वैसे ही जैसे किसी सजीव व्यक्ति से कहते हो।" फिर उसने जब दरवाजे और आसन को विनम्रता पूर्वक सॉरी कहा तब गुरु ने उसे ध्यान सिखाया।

बाद में उस जर्मन विद्वान ने अपने अनुभव को विस्तार से लिखा, "मुझे पता नहीं था कि मैं इन निर्जीव वस्तुओं को सॉरी कहूँगा तो क्या होगा लेकिन जब मैंने इन वस्तुओं को विनम्रता से सॉरी कहा तो मेरे भीतर एक अलग ही तरह का पवित्र भाव पैदा हो गया।"

कहने का तात्पर्य है कि हमारा दुर्भाव किसी के प्रति भी नहीं होना चाहिए। जो व्यक्ति अपने आसपास की जड़ वस्तुओं का अच्छे से प्रयोग नहीं कर सकता, वह व्यक्ति दुनिया से अच्छे से कैसे व्यवहार करेगा? वस्त्र आपको ठंडी-गर्मी से बचाते हैं, चश्मे से आप अच्छे से देख पाते हैं, रोटी को खाकर आपका शरीर पुष्ट बनता है। क्या कभी इन सबके प्रति आपके मन में आभार का भाव आता है? जैन मुनि यदि एक कागज का टुकड़ा भी फाड़कर फेंक दें तो वे उसका भी प्रायश्चित लेते हैं। यहाँ भाव यही है कि इसी कागज के माध्यम से हमें ज्ञान की प्राप्ति होती है इसीलिए तो हम शास्त्र की भी पूजा करते हैं। भारतीय संस्कृति में खिलाड़ी जब फुटबॉल खेलने जाता है तो सबसे पहले वह फुटबॉल को माथे से लगाता है फिर पैर मारता है। दुकान का शटर खोलने से पहले आप उसे माथे से लगाते हो। इसके पीछे भी यही 'अहो भाव' छिपा होता है कि इसी के माध्यम से मुझे बहुत कुछ मिलने वाला है। यहाँ आपको दुकान की आरती उतारने के लिए नहीं कहा जा रहा है परंतु उसके प्रति आभार की भावना का होना बहुत जरूरी है।

आप तो जिनके साथ रहते हो उन्हें भी कभी धन्यवाद नहीं कहते। जो प्रत्यक्ष आप पर उपकार करते हैं, उन्हें भी आप भुला देते हो। एक तरफ वे व्यक्ति हैं जो जड़ वस्तु को भी धन्यवाद बोलते हैं और दूसरी ओर वे लोग हैं जो चेतन की भी अवहेलना कर देते हैं।

जैन शास्त्रों में बताया है कि हम जितने अधिक कृतज्ञ होते हैं, उतना ही अधिक पाते हैं। जिसके प्रति हमारे मन में आभार (कृतज्ञता) का भाव होता है उसे हम जीवन में और अधिक आकर्षित करते हैं और जिसके प्रति तिरस्कार का भाव होता है वह वस्तु हमसे दूर हो जाती है।

यह सृष्टि का नियम है कि जैसा हम सोचते हैं, जो हम हृदय से चाहते हैं, उसे हम पा जाते हैं। यदि हम सोचते है कि "मेरा जीवन अच्छा नहीं है", "कोई मुझसे प्रेम नहीं करता", "मेरे रिश्ते अच्छे नहीं हैं", "जरूरत के वक्त कोई मेरी सहायता नहीं करता", "मेरे पास हमेशा धन की कमी रहती है" तो हम वही अपने जीवन में आकर्षित करेंगे। क्योंकि कर्म सिद्धांत के अनुसार समझें तो हम उसी प्रकार के कर्मों को अपनी ओर आकर्षित करते हैं।

इसके विपरीत यदि जीवन में मिलने वाली हर चीज के लिए कृतज्ञ रहें तो हम कर्म सिद्धांत के अनुसार और अधिक खुशियों को अपनी ओर आकर्षित करेंगे। जैसे हम अपने रिश्तों के प्रति आभार लाएँ, हम सोचें कि "मेरा परिवार बहुत अच्छा है", "सब लोग हमेशा मेरी मदद के लिए तैयार रहते हैं" तो हमारे आपसी रिश्ते दिन-प्रतिदिन बेहतर होते जाएँगे। हमें आज जो धन और समृद्धि मिली है हम उसके प्रति कृतज्ञ रहेंगे तो आगे अपनी ओर और अधिक समृद्धि आकर्षित करेंगे और अगर हम कृतघ्नता का भाव लाएँगे तो और गरीब होते जाएँगे। आज मिले स्वास्थ्य के लिए आभारी रहेंगे तो भविष्य में शरीर के लिए और स्वास्थ्य आकर्षित करेंगे। इसके विपरीत अगर हम दिन-रात अपने शारीरिक स्वास्थ्य को कोसते रहेंगे तो भविष्य में स्वास्थ्य हानि ही पाएँगे। यही नियम है। हमें जिस व्यक्ति के गुण अपने भीतर चाहिए हम उसके प्रति सद्भाव मन में लाएं तो हमारे भीतर भी वह गुण शीघ्र प्रकट होंगे।

आजकल के बच्चे एक कक्षा पास करने के बाद अपनी पुस्तक को रद्दी में बेच देते हैं। स्कूल से आने के पश्चात अपने बैग को कंधे से उतारकर ऐसे फेंक देते हैं जैसे उनके शरीर से बहुत बड़ा बोझ कम हो गया हो। यदि उनके मन में अपनी पुस्तकों के प्रति आभार की भावना ही नहीं है तो ज्ञान कैसे आएगा? जिन बच्चों के पास अनेक डिग्रियाँ होने के बाद भी उनका जीवन सुन्दर नहीं बन पाता उसका एक कारण यह भी है कि उनके मन में ज्ञान के प्रति आभार की भावना ही नहीं आ पाती।

जो उपकारी का उपकार नहीं मानता, उससे अधिक पतन और किसी का नहीं होता। हमारे जीवन में ऐसे बहुत सारे लोग होते हैं जिन्होंने हम पर कई उपकार किए होंगे। हमें उन सबके प्रति कृतज्ञता का भाव व्यक्त करना चाहिए। उन शिक्षकों से जिनके माध्यम से हमें ज्ञान मिला, उन गुरु के प्रति जिन्होंने हमें अच्छे से जीना सिखाया, उन प्रभु के प्रति, जिनालय के प्रति जहाँ हमारी भाव प्रणाली विशुद्ध बनती है, उन सबके प्रति हमारा हृदय आभार के भाव से भरना चाहिए। प्राइमरी स्कूल के टीचर, सेकेंडरी स्कूल के टीचर, कॉलेज के टीचर, पुराने दोस्त सबके प्रति कृतज्ञता का भाव मन में होना चाहिए।

जैन साधु जब प्रतिक्रमण करते हैं उस समय उन्हें सृष्टि के सब जीवों से क्षमा मांगने को कहा गया है। उन जीवों से भी क्षमा मांगने को कहा गया जिनके संपर्क में वे कभी नहीं आए। इसका उद्देश्य यही है कि क्षमा के भाव से हमारा हृदय इतनी विनम्रता से भर जाता है कि फिर हम कभी किसी के साथ दुर्व्यवहार नहीं कर पाएँगे। जब हमारा व्यवहार ऐसा हो जाएगा तो फिर अंहकार का भाव हमारे भीतर आएगा ही नहीं और फिर धीरे-धीरे यही हमारा स्वभाव बन जाएगा; फिर हमें दुनिया में चारों ओर मात्र अच्छाइयाँ ही नजर आएँगी।

मात्र बड़े ही नहीं छोटे लोगों के प्रति भी मन में कृतज्ञता का भाव आना चाहिए। इससे हमारे भीतर का अहम का भाव विसर्जित होता चला जाएगा। जितने भी महान व्यक्ति हुए हैं, वे भी हमेशा आभार की भावना से भरे हुए और अहंकार की भावना से रहित होते हैं और इसलिए उन्हें कभी क्रोध भी नहीं आता क्योंकि क्रोध तभी आता है जब व्यक्ति का मान खंडित होता है।

जब व्यक्ति भीतर से आभार की भावना से भर जाएगा तो फिर वह सामान्य नहीं विशेष व्यक्तित्व बन जाएगा। इससे उसका जीवन बहुत सुन्दर और सार्थक बन जाएगा। जब हम किसी के प्रति कृतज्ञ होते हैं तो सामने वाले को कुछ नहीं प्राप्त होता बल्कि हमारा अपना ही आत्म विकास होता है। जब आप अपने जीवन में मिलने वाली हर वस्तु और हर व्यक्ति के लिए आभारी होना सीख जाएँगे तो आप महसूस करेंगे कि जीवन अकल्पनीय रूप से सुन्दर और सुखी बन रहा है।

अभ्यास

एक पर्सनल डायरी बनाएँ जिसमें आपको दस ऐसे नाम लिखने हैं जिनके लिए आप कृतज्ञ हैं। यह जीवित अथवा निर्जीव कुछ भी हो सकते हैं; आपके जीवन में मौजूद व्यक्ति हो सकते हैं या कोई वस्तु जो आपके लिए उपकारी है। आपको सिर्फ उनका नाम ही नहीं लिखना है बल्कि नाम लिखने के बाद आँख बंद करके उनके प्रति कृतज्ञता और आभार का भाव हृदय में महसूस करना है। उनके द्वारा किए गए उपकारों को याद करना है और दिल से उन्हें धन्यवाद देना है।

यह अभ्यास आपको रोज करना है। अगर आप यह अभ्यास रात में सोने के पूर्व और उठने के तुरंत बाद करेंगे तो आप जीवन में चमत्कारी बदलाव का अनुभव करेंगे। इस अभ्यास से आपको महसूस होगा कि किन गलतियों के कारण आपका जीवन गलत दिशा में जा रहा था, आपके रिश्ते खराब हो रहे थे और आप अभावों में जी रहे थे। जब आप आभार को जीवन का हिस्सा बना लेंगे तो आप हर दिन एक नया उत्साह और उमंग महसूस करेंगे।

नीचे कुछ वाक्य दिए गए हैं जिन्हें आप अपने मोबाइल स्क्रीन पर लिखकर लगा सकते हैं या अपनी डायरी में लिखकर नित्य दोहरा सकते हैं।

मैं अपने सुन्दर जीवन के लिए आभारी हूँ।
मैं जीवन में मिलने वाली हर वस्तु के लिए आभारी हूँ।
जीवन में मिलने वाला हर अनुभव मुझे कुछ नया सिखाता है।
जो कुछ भी हो रहा है, वह मेरे अच्छे के लिए ही हो रहा है।
मैं अपने रिश्तों के प्रति कृतज्ञ हूँ।

खंड -5

संभावनाओं का खज़ाना — 'आप'

25

जागृत रहने का सूत्र : माइंडफुलनेस

जीवन को सुखी बनाने के लिए हमें अपने मन को ऐसी अवस्था तक पहुँचाना है जहाँ वह हर विकल्प से मुक्त होकर अपने आप में रहने लगे। सुख प्राप्ति में बाहरी वातावरण, अच्छी-बुरी परिस्थितियां, रिश्ते-नाते, धन एवं अन्य कारण उतना मायने नहीं रखते जितना हमारा मन मायने रखता है। मन से ही व्यक्ति को सुख की अनुभूति होती है और मन से ही व्यक्ति को दुख की अनुभूति होती है। सारा खेल हमारे मन का ही होता है इसलिए जरूरी है कि हम अपने मन को संभालना सीखें।

एक शब्द आता है मनन अर्थात चिंतन, मंथन, विश्लेषण। 'मनन' मन से अलग होने की एक प्रक्रिया है। मन जहाँ नहीं होता है, वहाँ से मनन प्रारंभ होता है। जब व्यक्ति मन को दूर रखकर सिर्फ वस्तु स्वरूप को देखता है और जानता है, तब सही मायने में मनन होता है। 'मनन' व्यक्ति को एक बिल्कुल अलग ही दुनिया में ले जाता है। वैसे तो हम दिन भर सोचते रहते हैं परंतु मनन वह प्रक्रिया है जब हम सही और गलत की समझ को भी विकसित करने लगते हैं। एक शब्द आता है नमन। नमन वहाँ होता है जब व्यक्ति के भीतर समर्पण आ जाता है, जब व्यक्ति आभार के भाव से भरता है।

मनन अर्थात "मन–न" का प्रतिबिम्ब नमन के रूप में आता है यानी "न–मन"। जब व्यक्ति मनन यानी सेल्फ रिफ्लेक्शन करने लगता है तो वह

मन से ऊपर उठने लगता है। वह मन से रहित नहीं होता पर उसे भिन्न देखने लगता है; वह मन जो उसे सही वस्तु स्थिति का विश्लेषण नहीं करने देता, जो उसे दुखी बनाता है, वह मन जो उसे सच स्वीकारने से रोकता है। दुख से सुख की यात्रा और कुछ नहीं है बस यह 'मन' से 'न–मन' की स्थिति है।

जैन शास्त्रों में एक पंक्ति आती है, "वस्तु स्वरूप विचार खुशी से सब दुख-संकट सहा करें"। वस्त स्वरूप का अर्थ है कि जो वस्तु जैसी है उसे वैसे ही देखना और जानना। अभी हम वस्तु के सही स्वरूप को नहीं देखते बल्कि हमारा मन जो हमें दिखाना चाहता है हम वही देखते हैं। हम अपने मन में जो धारणा बना लेते हैं, उसी को सच मान लेते हैं, वास्तविक सच्चाई को नहीं देखते बल्कि अवधारणा पर आधारित वास्तविकता को ही सही मानते हैं।

एक उदाहरण से समझते हैं—नाथू राम गोडसे की दृष्टि में महात्मा गांधी कैसे थे, अन्य लोगों की दृष्टि में वे कैसे थे, और स्वयं महात्मा गांधी की दृष्टि में वे कैसे थे? तीनों की दृष्टि में सच्चाई अलग थी। इसी प्रकार हम भी अपने मन में बनाए हुए दृष्टिकोण के अनुसार ही अपना सच बनाते हैं। सारा खेल हमारे मन का है इसलिए आवश्यक है कि हम मन से भिन्न होकर हर परिस्थिति को, हर व्यक्ति को, वस्तु को बिल्कुल वैसे ही देखने की कोशिश करें जैसी वह है। बिना किसी पक्षपात के, बिना राग-द्वेष के जब हम उसे उसके सही रूप में देखने की कोशिश करते हैं तो वहीं से हम माइंडफुलनेस के साथ जीना शुरू कर देते हैं और हमें सारे समाधान मिलते चले जाते हैं।

माइंडफुलनेस का अर्थ है ज्ञाता दृष्टा भाव लाना। हम अपने मन में उठने वाले विचारों को, भावनाओं को, बाहर की परिस्थितियों को साक्षी भाव से देखें और जानें, उनके साथ बहाव में न बहें। जब किसी पेड़ की पत्तियाँ हिलती हैं तो क्या वह हमें प्रभावित करती हैं? नहीं क्योंकि वह हमसे अलग हैं। ऐसे ही हमें स्वयं को अपने विचारों से अलग रहकर, बस दूर से उन्हें देखने की कोशिश करनी है, वह विचार आ रहे हैं और जा रहे हैं। हमें उन्हें रोकना नहीं है, उनमें अटकना नहीं है, उनके साथ बहना नहीं है, उन्हें बस पूर्ण जागृत होकर, ज्ञाता दृष्टा, साक्षी भाव से दूर रहकर उन्हें देखना है। यदि हम ऐसा कर सकते हैं तो

हम विचारों से अप्रभावित रह सकते हैं अन्यथा उनके साथ बह जाएँगे तो हम उन्हीं के अनुसार ढलते चले जाएँगे।

हम दिनभर जो भी कार्य करते हैं, उसे पूर्ण जागृतिपूर्वक नहीं करते। जीवन में कितने क्षण होते हैं जिन्हें हम पूर्ण जीते हैं या जब हम वर्तमान में होते हैं। हम सभी अधिकतर समय या तो भूतकाल में जीते हैं अथवा भविष्य में जीते हैं, बहुत ही कम समय ऐसा होता है जब हम वर्तमान में जीते हैं। जब हम भविष्य की कल्पना करते हैं अथवा भूत की स्मृतियाँ हमारे मन में झलकती हैं, तो हम अपने में नहीं रहते, भले ही उसे समय हमें अच्छी अनुभूति हो रही हो परंतु वह अनुभव भी वर्तमान का ही होता है। सिर्फ वर्तमान होता है जो हमारा अपना होता है, पॉइंट ऑफ़ पावर हमेशा वर्तमान में रहता है, वर्तमान के क्षण ही हमें बदलाव की शक्ति देते हैं। माइंडफुलनेस का अर्थ है कि हम वर्तमान में जिएँ।

जल जब निरंतर बहता है तो वह निर्मलता और स्वच्छता को पैदा करता है परंतु जब वही जल रुक जाता है तो वह कीचड़ बनाता है। इसी प्रकार हमारे विचारों के साथ होता है। अतीत के कुछ विचार हमारे मन में रुक जाते हैं, या हमने रोक लिया, कोई घटना हमने अपने मन में गहरी बैठा ली अब वह मन में प्रदूषण पैदा करने लगेगी। यदि विचार आए और बहकर निकल जाए तो वह मन को स्वच्छ बनाएगा। जब भी, कहीं भी, कुछ भी रुकता है तो वह सिर्फ तनाव पैदा करता है। माइंडफुलनेस का अर्थ है कि हम अपने विचारों को बस आते-जाते देखें, उन्हें पहचानें पर उनसे भिन्न रहकर।

अभ्यास

मान लीजिए हम नदी के किनारे बैठकर दूर से बस उसे देख रहे हैं। नदी में जल बह रहा है, उसमें लहरें उत्पन्न हो रही हैं, फिर नष्ट हो रही हैं, उसमें मछलियाँ, अन्य जीव जंतु, कचरा, तिनके आदि हैं। वह पानी आ रहा है, जा रहा है और हम बस उसे देख रहे हैं, तट पर दूर बैठकर; न हम उस पानी के साथ बह रहे और न हम उसके भीतर डूब रहे। इसी प्रकार हमें अपने विचारों को देखना है।

अब आँख बंद करके कुछ देर शांत बैठ जाएँ और अपने मन में उठने वाले विचारों को नदी में उत्पन्न हो रही लहरों की भांति बस देखें और जानें, उनसे भिन्न रहकर। याद रहे, हमें उनके साथ-साथ बहना नहीं है, बस बिना किसी भाव के तटस्थ होकर उन्हें देखना है और जानना है। कुछ क्षण बाद यदि हम महसूस करें कि हमारा मन किसी एक विचार के साथ बह रहा है तो घबराएँ नहीं, दोबारा वापिस आकर तट पर बैठ जाएँ। दिन में जब भी मन अशांत हो तो यह अभ्यास अवश्य करें। प्रारंभिक अवस्था में पाँच मिनट से शुरू करें, मन बीच-बीच में कई बार भटकेगा, किसी विचार के साथ बहने लगेगा परन्तु रोज़ अभ्यास करने से हमारा मन और अधिक समय के लिए स्थिर होने लगेगा। ध्यान रहे, हमें विचारों को रोकना नहीं है क्योंकि वह असंभव है, हमें बस उन्हें आते-जाते देखना और जानना है।

अगर कोई यह सोचे कि मैं अपने मस्तिष्क में कोई विचार ही पैदा नहीं करूँगा अथवा कोई भाव ही पैदा नहीं करूँगा तो यह असंभव है। हम मन को कभी नहीं बांध सकते हैं, मन में कुछ न कुछ विचार तो पैदा होंगे ही। मान लीजिए, हम खुद को एक कमरे में अकेले बंद भी कर लें तब भी हमारी स्मृति में कुछ ना कुछ विचार अवश्य पैदा होंगे इसलिए माइंडफुलनेस में हमें विचारों को रोकने की कोशिश नहीं करनी बस उन्हें जानना और देखना है, बिना किसी भेदभाव के।

जैन धर्म में 'कायोत्सर्ग' की प्रक्रिया बताई है, जो हमें माइंडफुल होना सिखाती है। कायोत्सर्ग का शाब्दिक अर्थ है—काय का उत्सर्ग करना। काय का अर्थ है 'शरीर' और उत्सर्ग का अर्थ है 'त्याग देना'। क्या यह संभव है कि हम जीते जी अपने शरीर को त्याग दें? नहीं। यहाँ यह कहा जा रहा है कि हम अपने शरीर के प्रति जो जुड़ाव अथवा ममत्व का भाव है, उसे छोड़ दें। इस प्रक्रिया में हमें मात्र अपनी श्वास को महसूस करना होता है, जब हम ऐसा करते हैं तो हमारा ध्यान बाकी सब जगह से हट जाता है और हम वर्तमान क्षण में आ जाते हैं। अपनी ही सांसों पर ध्यान इसलिए केंद्रित किया जाता है क्योंकि अगर हम बाहरी कोई वस्तु पर ध्यान केंद्रित करेंगे तो संभवतः हम उसकी ओर बहने लगेंगे।

माइंडफुलनेस का अर्थ है 'करने' वाली अवस्था से 'होने' वाली अवस्था तक पहुँचना। जब हम कुछ 'करते' हैं तो वहाँ परिश्रम किया जाता है परंतु 'होना' तो स्वाभाविक ही होता है। माइंडफुलनेस अथवा कायोत्सर्ग में कोई परिश्रम नहीं होता वहाँ सिर्फ अस्तित्व को देखना होता है। साक्षी भाव से, ज्ञाता दृष्टा भाव से सिर्फ वस्तु को उसके स्वरूप से देखना, बिना उसमें कोई अच्छे-बुरे की कल्पना करके।

एक राजा बहुत परेशान रहता था उसका मन हमेशा अशांत रहता था। एक दिन वह अपने गुरु के पास जाकर पूछता है, "गुरुजी मेरा मन बहुत खेद-खिन्न रहता है, मैं बहुत परेशान रहता हूँ। आप मुझे कोई मंत्र दीजिए जिससे मेरा मन शांत हो जाए।" गुरु महाराज कहते हैं, "ठीक है तुम कल ब्रह्म मुहूर्त में मेरे पास आना मैं तुम्हें मंत्र दे दूंगा, बस शर्त यह है कि अपने उस खेद-खिन्न मन को अपने साथ लेकर आना।" अब राजा अपने महल में चला गया। उसके मन में यह विचार चल रहा था कि गुरु जी ने खेद-खिन्न मन को साथ लाने के लिए कहा है इसलिए वो रात भर अपने उस परेशान मन को पकड़ने की कोशिश करता रहा जिससे वह रातभर नहीं सो पाया। जैसे ही सुबह के चार बजे वो गुरु महाराज के आश्रम में पहुँचता है। पहुँचते ही गुरु महाराज पूछते हैं, "राजन! अब तुम मुझे अपना खेद-खिन्न मन दिखाओ।" राजा कहता है, "गुरुजी, मैं रात भर उस मन को पकड़ने की कोशिश करता रहा लेकिन वो पकड़ में ही नहीं आया। जैसे ही मैं पकड़ने के लिए उसे देखता हूँ, उसे जानने का प्रयास करता हूँ, वैसे ही वो गायब हो जाता है।"

गुरु ने कहा, "बस यही समाधान है। जो भी चिंता अथवा अनावश्यक विचार हमारे मन में पैदा होते हैं उन्हें हम तटस्थ भाव से देखना शुरू कर दें, हमें उनके साथ बहना नहीं है, उनमें एकमेक नहीं होना तो वे भाव समाप्त हो जाएँगे। चिंता, विकल्प, खेद-खिन्नता तभी तक रहती है जब हम उसे देखना जानना छोड़कर उसके साथ बह जाते हैं। जैसे ही हम उन विचारों से दूर खड़े होकर उन्हें पूर्ण जागृतिपूर्वक देखने की कोशिश करते हैं वैसे ही वे शांत हो जाते हैं।"

परेशानी यही है कि हम अपने मन के हर भाव को या हर विचार को ज्ञाता दृष्टा भाव से नहीं देख पाते, क्योंकि जब अच्छे पल आते हैं तो हमारा मन उन्हें बांधकर रखना चाहते हैं और जब बुरे पल आते हैं तो मन उनसे दूर भागना चाहता है। जब तक हम आनंद के क्षणों के छूटने के डर को और दुखी क्षणों के आने के डर को अपने मन से ख़त्म नहीं करते तब तक हमारा मन कभी शांत नहीं हो पाएगा क्योंकि इस कारण हम वर्तमान में नहीं रह पाएँगे। इसके लिए हमें दोनों के प्रति स्वीकार्य का भाव लाना होगा। हम यह समझें कि कोई भी परिस्थिति, वस्तु या व्यक्ति न अच्छा होता है न बुरा, हमारे देखने का दृष्टिकोण उसे अच्छा-बुरा बनाता है। हम मन में उठने वाले हर भाव को, हर परिस्थिति को बिना किसी भेद-भाव के, एक दृष्टि से बस जानें, देखें और आगे बढ़ें, हमें उनके साथ बहना नहीं है, न ही उन क्षणों के साथ एकमेक होना है, क्योंकि दोनों ही भाव एक समय के बाद छूटने वाले हैं और इसलिए दोनों ही हमारे अपने नहीं हैं।

सुख को प्राप्त करने का और दुख से ऊपर उठने का यह बहुत प्रैक्टिकल सॉल्यूशन है माइंडफुलनेस या कहें सहज जागृति। यानि हम ऐसी स्थिति में पहुँच जाएँ कि सहजता से ही हम बिना प्रयास किए हमेशा अपने विचारों के साथ एलर्ट होकर जिएँ परन्तु इस स्थिति तक पहुँचने के लिए भी हमें शुरुआत में प्रयास करने होंगे। यह पूर्ण जागृति की अवस्था निरंतर प्रयास से ही प्राप्त हो पाएगी। इसके लिए हमें दिनभर की अपनी हर क्रिया को माइंडफुल होकर करना होगा।

भोजन करते समय, चलते समय, किसी अन्य से बात करते हुए अथवा कोई भी कार्य करते हुए खुद को बस उस पल में रहकर देखने का प्रयास करें, भूत अथवा भविष्य में न जाकर केवल वर्तमान पल में जिएँ। इसका यह फायदा होगा कि हम दिन भर शांत रहेंगे, अपनी ऊर्जा को अपने विकास के लिए उपयोग में लेंगे, इधर-उधर के विचारों में व्यर्थ नहीं करेंगे, कुछ भी बोलने से पहले, कुछ भी निर्णय लेने से पहले कुछ क्षण सोचेंगे।

अभ्यास

यह अभ्यास भोजन करते हुए करना है। हम जो भी पकवान खाएँ उसे ऐसे ही जल्दी से नहीं खाना। पहले उसे अपने हाथ में लें और देखें कि उसका स्पर्श कैसा है? महसूस करें कि क्या वह सख्त है अथवा कोमल है, खुरदुरा है या मुलायम? देखें कि उसका रंग किस प्रकार का है? उसका आकार क्या है? नाक से सूंघे कि उसकी गंध किस प्रकार की है? जब आप उसे मुंह में रखें तो महसूस करें कि उसका स्वाद कैसा है? उसका स्वाद आपको जीभ के किस हिस्से पर महसूस हो रहा है? यह सब विश्लेषण करें। उसमें अच्छे-बुरे का आनंद ना लेकर, जैसा वह है वैसा उसको बस ज्ञाता दृष्टा भाव से देखें, उसे महसूस करें। ये तो पाँच इंद्रियों से हमने इसे देखा। अब यह देखें कि मन में उसके प्रति किस प्रकार की भावनाएँ पैदा हो रही हैं।

आज तक हम जब भोजन करते थे तो हम उसे मुख में रखते थे, हमें वह अच्छा या बुरा लगता था और हम उसे निगल लेते थे परंतु इस एक्टिविटी को करने से हमारा उपयोग अब दूसरी जगह चला जाएगा, हमारा ब्रेन जागृति से भर जाएगा। इसी प्रकार हमें अपनी हर दैनिक क्रिया को माइंडफुल रूप से करना है।

बहुत सारे लोगों की यह परेशानी रहती है कि वह अचानक से प्रतिक्रिया दे देते हैं और फिर बाद में उन्हें एहसास होता है कि वह स्थिति इतनी बड़ी नहीं थी जितना डूब कर उन्होंने उसमें प्रतिक्रिया दी थी। बाद में वह एहसास करते हैं कि उस समय वह अपने कंट्रोल में ही नहीं थे। माइंडफुलनेस से जीने का यह फायदा होगा कि अगर जीवन में कोई भी घटना घटेगी तो हमारा मन अचानक से परेशान नहीं होगा पहले उसे देखने का प्रयास करेगा, उसमें रास्ता निकालने की कोशिश करेगा, परिस्थिति को विश्लेषित करने की क्षमता पैदा होने लगेगी, हम अचानक से उस स्थिति के साथ बहेंगे नहीं, अचानक कोई प्रतिक्रिया नहीं देंगे और इससे हमारे निर्णय लेने की क्षमता भी बेहतर होगी।

अभ्यास

स्वयं को चलते हुए देखें कि हम किस प्रकार चल रहे हैं, तलवों पर धरती के उस स्पर्श को महसूस करें, आस-पास की हवा को अपने शरीर से स्पर्श होते हुए महसूस करें, मस्तिष्क में कोई अन्य विचार न लाएँ, जितनी देर हो सके सिर्फ वर्तमान के क्षण को महसूस करें। विज्ञान के अनुसार माइंडफुली जीने से हमारे शरीर में कुछ ऐसे एंजाइम निकलते हैं जो हमें सृजनात्मक बनाते हैं।

शुरू-शुरू में माइंडफुलनेस के किसी अभ्यास में अधिक देर तक हमारा मन नहीं टिकेगा, मन बार-बार इधर-उधर भागेगा, अलग-अलग विचार मन में आएँगे, परंतु शुरुआत में हम मात्र दो मिनट से शुरू करें, फिर पाँच मिनट फिर धीरे-धीरे हम अपने अभ्यास को बढ़ा सकते हैं। अगर हम इन अभ्यासों को मात्र कुछ देर के लिए भी करेंगे तो इसका प्रभाव हमें अपने व्यवहारिक जीवन में स्पष्ट रूप से दिखना शुरू हो जाएगा।

माइंडफुलनेस का अर्थ यह नहीं समझना कि हम व्यवहार शून्य हो जाएँ, सबसे अलग रहने लगें, परिवार के प्रति अपने कर्तव्यों को छोड़कर बस उन्हें देखने लगें, रोबोट की भांति बिना भावनाओं के जीने लगें। हमें शरीर नहीं छोड़ना बल्कि शरीर में रहते हुए शरीर को अपने से अलग देखना है, किसी वस्तु या व्यक्ति को नजरअंदाज नहीं करना, बल्कि उसके साथ रहते हुए, उसे जानकर भी अपने में रहना है, संसार से अलग नहीं होना, बल्कि सबके बीच में रहते हुए, जानते हुए, देखते हुए संसार से ऊपर उठकर रहना है। हर कर्तव्य को निभाते हुए भी उससे ऊपर उठकर रहना है, खुद से भावनाओं को हम कभी ख़त्म नहीं कर सकते परन्तु उन भावनाओं के साथ न बहकर बस उन्हें देखना है, हम कभी विचार रहित भी नहीं रह सकते, परन्तु उन विचारों के बहाव में न बहकर उन्हें बस आता-जाता देखना है, यही माइंडफुलनेस है।

जीवन का हर क्षण एक नई शुरुआत है।
मैं अतीत को जाने देता हूँ और वर्तमान क्षण पर ध्यान केंद्रित करता हूँ।
मैं हमेशा जागृत रहता हूँ।
मैं वर्तमान क्षण और इससे मिलने वाले हर अनुभव के लिए आभारी हूँ।
मैं अपने जीवन की यात्रा पर भरोसा करता हूँ और जानता हूँ कि सब कुछ वैसा ही हो रहा है जैसा होना चाहिए।
मैं अपने आप और आस-पास की दुनिया के साथ शांति में हूँ।
मेरा जीवन हर दिन बेहतर हो रहा है।

26

अपने कम्फर्ट ज़ोन से बाहर निकलें

आज हर व्यक्ति अपने कंफर्ट ज़ोन में रहना चाहता है, वह इससे बाहर नहीं निकलना चाहता। सबको यह लगता है कि कंफर्ट जोन से बाहर निकलने पर दुख और परेशानियों के अलावा कुछ नहीं मिलेगा परंतु जो व्यक्ति अपने कंफर्ट से बाहर निकलकर जितना अधिक प्रतिकूलताओं का सामना करता है उसका जीवन उतना ही सुन्दर, सुखी और मजबूत हो जाता है, उसकी क्षमताएँ उतनी ज्यादा बढ़ जाती हैं और उसकी सहनशक्ति का भी विकास होता है। हम सब सुख तो पाना चाहते हैं परंतु यह सोचते हैं कि इसे कोई हमारी थाली में परोस दे, सुख कोई ऐसी वस्तु नहीं है जिसे कोई हमें दे सकता है, परंतु हमें विशेष प्रयास करके इसे प्राप्त करना होगा।

जीवन में तीन तरह के लोग होते हैं। एक वे होते हैं जो सोचते हैं कि जीवन में कोई प्रतिकूलता आनी ही नहीं चाहिए, जीवन हमेशा अनुकूलताओं में रहना चाहिए। दूसरे उस श्रेणी के लोग होते हैं जो प्रैक्टिकल होते हैं। मन में तो वे यह नहीं चाहते कि जीवन में कठिनाइयाँ आएँ परंतु जानते हैं कि जीवन में कभी भी कुछ भी हो सकता है इसलिए वे उनका सामना करने के लिए तैयार रहते हैं। तीसरी श्रेणी में वे लोग होते हैं जो स्वयं प्रतिकूलताओं का सामना करना चाहते हैं। वे ना केवल हर परिस्थिति के लिए तैयार रहते

हैं बल्कि जानबूझकर प्रतिकूलताओं का सामना करने के लिए कदम आगे बढ़ा देते हैं।

तीनों श्रेणियों के लोग सुखी जीवन चाहते हैं परंतु उनकी सोच और रास्ता बिल्कुल अलग-अलग है। तीसरी श्रेणी के लोग असाधारण होते हैं और यदि हमें जीवन को परिष्कृत और सुन्दर बनाना है तो हमें भी तीसरी श्रेणी में ही आना जरूरी है क्योंकि जीवन की शुरुआत कंफर्ट जोन से बाहर निकलने पर ही होती है। सही कहा जाता है—Life begins at the end of your comfort zone (जीवन वहाँ से शुरू होता है जब आप अपनी आरामदायक परिस्थितियों से बाहर निकलते हैं)।

कंफर्ट जोन से बाहर निकलकर काम करने वाला व्यक्ति जीवन में बहुत कुछ सीखता है, वह कुछ ऐसा ज्ञान पा लेता है जो उसे किताबों में नहीं मिलता। यह सब उसे जीवन की व्यावहारिक परिस्थितियों का सामना करके प्राप्त होता है। इस बात को हम एक कहानी के जरिए बहुत अच्छे तरीके से समझ सकते हैं।

एक छोटा सा बच्चा अपने घर में खेल रहा था। उसने खिड़की से बाहर देखा कि उसके बगीचे में लगे एक पेड़ से एक अंडा नीचे गिर गया। अंडा फूट गया था। उसमें एक छोटा सा चूजा था जो अंडे से बाहर के प्रकाश को आश्चर्य से देख रहा था। अब चूजा अंडे से पूरी तरह बाहर निकलने की कोशिश करने लगा। बच्चे ने देखा कि अंडे में लगा एक चिपचिपा पदार्थ उसे बाहर आने से रोक रहा था। बच्चे से चूजे की परेशानी देखी नहीं गई और वह एक पेंसिल लेकर बाहर आ गया। बच्चे ने पेंसिल को अंडे के सहारे हल्का सा टिका दिया, साथ ही पेंसिल से उस चिपचिपे पदार्थ को चूजे के पैरों से अलग कर दिया। अब चूजे को बाहर आने में मदद मिली और वह पेंसिल के सहारे धीरे-धीरे खिसककर अंडे से बाहर आ गया। यह देखकर बच्चा बहुत खुश हुआ और चहकते हुए घर के भीतर जाकर अपने पिता से कहा, "पापा! आज मैंने बहुत अच्छा काम किया है। आज मैंने एक चूजे को उसके अंडे से बाहर लाने में मदद की है। वह अंडा पेड़ से गिरकर फूट गया था।" बच्चा सोच रहा था कि पापा यह सुनकर बहुत खुश होंगे और उसे शाबाशी देंगे पर पापा एकदम

गंभीर हो गए थे। उन्होंने बच्चे से कहा, "यह तुमने ठीक नहीं किया, बेटा!" बच्चे ने आश्चर्य से पूछा, "क्या ठीक नहीं किया, पापा? चूजा अंडे से बाहर नहीं निकल पा रहा था। मैंने उसकी मदद ही तो की है।" पापा ने कहा, "चलो चलकर देखते हैं . . ." दोनों बाहर आए तो उन्होंने देखा कि चूजा धीरे-धीरे आगे बढ़ने की कोशिश कर रहा था और कुछ दूर चलने के बाद वह बेहोश हो गया। दोनों ने पास जाकर देखा तो बहुत दुखी हुए क्योंकि चूजा मर चुका था। बच्चे ने उदास होकर कहा "पापा! मैंने क्या गलती की?" पापा ने जवाब दिया, "बेटा! तुमने उसकी उस समय मदद की जब नहीं करनी चाहिए थी। वह अंडे में मौजूद उस चिपचिपे पदार्थ से संघर्ष करके बाहर निकलता तो उसके पांव और पंखों में मजबूती आती और वह बाहर के वातावरण का ज्यादा अच्छे तरीके से सामना कर पाता और तुमने यह मदद देकर उससे यह मजबूत बनने का अवसर छीन लिया और यही कारण है कि आज यह हमारे सामने मृत पड़ा है।" बच्चे को उदास देखकर पापा ने समझाया, "बेटा! वह जो उस चूज़े का बार-बार गिरना था और गिरकर फिर उठना था, यह गिरना उसके लिए वरदान था परंतु तुमने भावुकता में असमय ही उसकी मदद कर दी और वह मदद उसके लिए अभिशाप बन गई।"

ऐसा ही जीवन में हमारे साथ होता है। हम खुद भी कंफर्ट ज़ोन में रहते हैं और अपने स्वजनों को भी उससे बाहर नहीं निकलने देते। जीवन को मखमल की सेज बनाने से यह सुन्दर नहीं बनता, जीवन संघर्षों से सुन्दर बनता है। कंफर्ट जोन से बाहर निकलकर काम करने वाले व्यक्ति अपना लक्ष्य प्राप्त हो जाने के बाद भी अपने उस मुकाम को बनाए रखने के लिए लगातार मेहनत करते रहते हैं।

जब-जब हमारे जीवन में कठिनाइयों का दौर आता है, हम एक से बढ़कर एक परेशानियों का सामना करते हैं तो हमें लगता है यह हमारे साथ ठीक नहीं हो रहा है परंतु यकीन मानिए वह हमारे जीवन का स्वर्णिम समय होता है। यह वह समय है जब हम खुद को संवार सकते हैं, खुद को मजबूत बना सकते हैं, हम ऐसे व्यक्तित्व का निर्माण कर सकते हैं जो हर परिस्थिति में चट्टान की तरह अडिग बनकर खड़ा रहे। जीवन में बार-बार गिरना, बार-बार असफल होना अभिशाप

नहीं वरदान है लेकिन इन प्रतिकूलताओं का सामना करने की शक्ति हम तभी प्राप्त कर पाएँगे जब हम अपने कंफर्ट जोन से बाहर निकलेंगे अन्यथा हम कमजोर ही बने रहेंगे। जीवन में जब भी मुश्किल स्थिति आती है तो अधिकतर लोग उसमें बिखर जाते हैं लेकिन विरले लोग उसमें निखर जाते हैं।

यह सही है कि जो जितना कंफर्ट जोन में रहता है, वह शारीरिक और मानसिक रूप से उतना ही कमजोर होता है। सुबह 8 बजे से शाम 6 बजे तक तेज धूप में पसीना बहाने वाले मजदूर शारीरिक और मानसिक रूप से ज्यादा मजबूत होते हैं। भले ही वे सूखी रोटी को मिर्च, गुड़ और नमक से खाते हों पर बीमारियाँ उन्हें छू भी नहीं पातीं जबकि सुविधा भोगी जीवन जीने वाले, प्रोटीन, विटामिन और मिनरल से भरपूर डाइट लेने वाले लोगों को टेंशन, डिप्रेशन, हाई ब्लड प्रेशर, डायबिटीज, माइग्रेन और न जाने कितनी तरह की बीमारियाँ घेर लेती हैं। आरामदायक परिस्थितियों में रहने वाले लोगों के तनाव का स्तर बढ़ा हुआ रहता है क्योंकि जीवन की चुनौतियों का सामना वे सहज होकर नहीं कर पाते।

अधिकतर लोग यह तर्क देते हैं कि जब पुण्य के उदय से इतनी सुख सुविधाएँ मिली हैं तो उनका भोग तो करना ही चाहिए, वे यह सोचते हैं कि उनके जीवन में कोई प्रतिकूलता ही नहीं आनी चाहिए। सही तो यह है कि हम अपना माइंडसेट बनाएँ कि जीवन में कभी-कभी कुछ प्रतिकूलताएँ आनी भी चाहिए। वे प्रतिकूलताएँ हमें गिराने के लिए अथवा डराने के लिए नहीं आतीं बल्कि हमें मजबूत बनाने के लिए हमारे जीवन में आती हैं। स्वर्ण जितना तपता है वह उतना ही निखरता है।

प्रश्न उठता है कि हम स्वयं को प्रतिकूलताओं के लिए पहले से तैयार कैसे करें? इसके लिए हमें कभी-कभी खुद ही अपने कंफर्ट जोन से बाहर निकलना चाहिए।

अभ्यास करें

खाने में सब कुछ मनपसंद होने पर भी कभी-कभी भूख से कुछ कम भोजन करें या नमक-रोटी खाएँ, कभी-कभी गाड़ी से नहीं पब्लिक ट्रांसपोर्ट से सफर

करें, तेज़ गर्मी में भी कुछ समय के लिए एसी, कूलर या पंखे का प्रयोग नहीं करें, तेज़ प्यास लगने पर भी कुछ देर रुककर पानी पिएँ। इस तरह के छोटे-छोटे अनुभव हमें कंफर्ट जोन से बाहर निकालेंगे। इस अभ्यास से हमारा शरीर, मन और मानसिकता भी मजबूत होगी।

कर्म के योग से या प्रतिकूल परिस्थितियों के कारण हमें जो भी मिल रहा है, उससे डरने या बचने की कोशिश ना करें बल्कि चुनौतियों का सामना पूरे उत्साह और ऊर्जा के साथ करें। यही जीवन में सफल और [illegible] का सबसे अच्छा रास्ता है, सुख की राह भी यहीं से गुजरती है।

आइए एक अभ्यास करें (ईमानदारी से दें जवाब)

1. क्या आपने कभी कम्फर्ट जोन से बाहर निकलकर कोई उपलब्धि हासिल की है? यदि आपने ऐसा किया है तो आपको कैसी अनुभूति हुई?
2. आपको अपने कम्फर्ट ज़ोन से बाहर निकलने से किस प्रकार का डर लगता है? क्या वह डर सच में आपका कुछ बिगाड़ सकता है? इसके विपरीत आप कम्फर्ट ज़ोन से बाहर निकलकर क्या हासिल कर सकते हैं? इसपर विचार करें।

मैं जीवन की चुनौतियों को हँसकर स्वीकारता हूँ।
मुझे जीवन की प्रक्रिया पर विश्वास है।
मैं हर हाल में प्रसन्न रहता हूँ।
जीवन हर दिन मुझे कुछ नया सीखने के मौके देता है।
मेरा जीवन हर दिन बेहतर बन रहा है।

27

आकर्षण का सिद्धांत (Law of Attraction)

जीवन को बेहतर बनाने के लिए, जिस सुख को हम पाना चाहते हैं उसे प्राप्त करने के लिए हमें आकर्षण के सिद्धांत को अपनाना होगा। इस आकर्षण के सिद्धांत की बात आज दुनिया भर में की जाती है परंतु जैन शास्त्रों में आज से दो हज़ार वर्ष पूर्व आचार्य कुंदकुंद ने इसे लिखा है। जो व्यक्ति शुद्ध को जानेगा, शुद्ध को मानेगा, शुद्ध को चाहेगा और शुद्ध की कल्पना करेगा वह शुद्ध हो जाएगा और जो अशुद्ध की भावना करेगा, वह अशुद्ध ही हो जाएगा। जैसा हम अंतरंग से चाहते हैं वैसा ही हम अपना जीवन बनाते चले जाते हैं। जिस प्रकार की हमारी पसंद होती है उसी प्रकार की वर्गणाओं को हम चारों ओर से आकर्षित करते हैं।

आचार्य भगवन ने चार चरणों के माध्यम से आकर्षण के सिद्धांत को जीवन में उतारने के लिए समझाया है— हम उसी के बारे में शब्दों से बोले, दूसरों से उसी के विषय में प्रश्न पूछें, मन से उसी की इच्छा करें, हर पल उसी की भावना भाएँ, शरीर से हम उसी के अनुरूप क्रियाएँ करें, जैसा हम बनना चाहते हैं। जैन शास्त्रों में यह आत्मा से परमात्मा बनने के लिए समझाया गया है परंतु लौकिक क्षेत्र में भी यह सिद्धांत कार्य करता है।

सोने से पहले और उठने के तुरंत बाद, व्यक्ति जो भी सोचता है वह उसके अवचेतन मन में गहरा बैठ जाता है इसलिए हम जैसा बनना चाहते हैं,

जिस मंजिल को पाना चाहते हैं, उसे प्रतिदिन रात्रि में सोने से पूर्व और सुबह उठते ही लिखें, उसका चिंतन करें और उसी की धारणा बनाएँ, उसी का मन में चित्रण करें—इससे हमारा मस्तिष्क उस मंजिल को पाने के लिए तैयार हो जाएगा और फिर हमारे कदम सही दिशा में बढ़ने लगेंगे।

कई लोगों की यह शिकायत रहती है कि यह सिद्धांत मिथ्या है, वह जो चाहते हैं उन्हें वह नहीं मिलता। ऐसा इसलिए होता है कि उन्होंने अभी तक इसे समझा ही नहीं है। प्रायः व्यक्ति की चाह भीतर की नहीं होती, वह ऊपर-ऊपर से दूसरों को देखकर कुछ चाह पैदा करता है। जब एक मछली को पानी से बाहर निकाल दिया जाता है तो वह जिस प्रकार पानी को पाने के लिए तड़पती है, उसका रोम-रोम सिर्फ पानी की ही चाह करता है, क्या हम अपनी मंजिल को इसी जुनून के साथ चाहते हैं या फिर बस ऊपर-ऊपर से उसके बारे में सोचते हैं? अक्सर हमें अपने सपने तब याद आते हैं, जब हम कुछ समय खाली बैठते हैं। जिस प्रकार मछली बिना पानी के छटपटाती है, उसी प्रकार अपने लक्ष्य की प्राप्ति ना हो जाने तक, उसे पाने के लिए हमारे मन में हर क्षण मछली की भांति ही छटपटाहट होनी चाहिए।

हम दूसरे की सफलता को देखकर कल्पना करते हैं कि हमें भी ऐसी सफलता चाहिए परंतु उस सफलता के पीछे छुपे प्रयासों को नहीं देखते, ना ही वह मेहनत करना चाहते। लक्ष्य के प्रति असली चाह तब मानी जाएगी जब हम उस लक्ष्य की प्राप्ति कराने वाले रास्ते को भी उतनी ही शिद्दत से चाहेंगे, उससे जुड़े प्रयासों को भी अपनाएँगे। जब हम किसी मंज़िल को चाहते हैं तो हमें उसके मार्ग को भी चाहना होगा, और साथ ही उस मार्ग पर कदम बढ़ा रहे व्यक्ति को भी चाहना होगा, तभी हमारी चाह सच्ची मानी जाएगी। जब कोई गरीब व्यक्ति अमीर बनना चाहता है परन्तु वह अमीर को देखकर ईर्ष्या का भाव पैदा करता है तो वह और गरीब होता जाता है। जो बच्चे क्लास के टॉपर को देखकर ईर्ष्या करते हैं, वे कभी टॉपर नहीं बन सकते। हमें जीवन में जो भी वस्तु चाहिए, उसे पाने का सबसे बड़ा सूत्र है कि आज वह वस्तु जिसके पास है अथवा उस लक्ष्य को जिसने हासिल किया है, हम उसके प्रति हर्ष का भाव मन में लेकर आए।

समर्पित व्यक्ति कभी बहाने नहीं बनाता, बाधाओं को देखकर विचलित नहीं होता, अपने शरीर की कमजोरी की आड़ लेकर अपने कदम पीछे नहीं हटाता। उसे तो सिर्फ एक ही धुन होती है— अपने लक्ष्य को प्राप्त करने की। शारीरिक, मानसिक और अपने आस-पास के वातावरण की सभी प्रतिकूलताओं को ऐसा व्यक्ति आसानी से मात दे देता है। आचार्य भगवन श्री विद्यासागर जी महाराज का हीमोग्लोबिन सदैव कम ही रहता था पर उन्होंने अपने मन की शक्ति के बल पर लाखों किलोमीटर की पैदल यात्राएँ की जो एक सामान्य स्वस्थ व्यक्ति के लिए भी करना अत्यंत मुश्किल होता है।

एक लोहे का टुकड़ा कभी लोहे को आकर्षित नहीं करता परंतु एक चुंबक लोहे को आकर्षित कर लेती है। लोहे के टुकड़े और चुंबक में क्या फर्क होता है? चुंबक की ऊर्जा एक ही दिशा में केंद्रित रहती है जबकि लोहे के टुकड़े में ऊर्जा बिखरी रहती है। बस इसी प्रकार हमें अपनी पूरी ऊर्जा को अपने लक्ष्य की ओर केंद्रित करना है। हमें मन से, वचन से, काय से उस लक्ष्य को ही चाहना है, प्रतिपल उसकी धारणा बनानी है, जैसे वह लक्ष्य हमें मिल चुका हो। जैन शास्त्रों में आचार्य भगवन ने लिखा है—उसे ही सोचो, उसे ही बोलो, उसे ही देखो, उसे ही सुनो, उसे ही छुओ, उसी का चिंतन करो, उसी की धारणा बनाओ, उसी के भाव पैदा करो और उसी रूप हो जाओ, जिस रूप आप बनना चाहते हो। यानी हमारे शरीर का हर एक रोम, मन का हर एक कोना, आत्मा का हर एक प्रदेश, बाहर और भीतर से बस उसी की चाह को पैदा करने लगे, तब वह आकर्षण का सिद्धांत कार्य करता है।

इसका अर्थ यह नहीं लगाना कि हम अपनी सांसारिक इच्छाओं को इस सिद्धांत के माध्यम से पूरा करें क्योंकि इच्छाएँ अंतहीन होती हैं और हमें कभी भी सच्चा सुख नहीं दे सकतीं। अब यहाँ प्रश्न यह उठ सकता है कि "सच्चे सुख को पाने की चाह" भी तो आखिर एक इच्छा ही है, तो फिर हम यह भी क्यों चाह रहे हैं? यह निर्भर करता है कि हमारी इच्छा प्रशस्त है या अप्रशस्त? इस इच्छा से हमारा जीवन बेहतर बनेगा, ऊँचाइयों को छूएगा। यहाँ हम किसी बाहरी नश्वर वस्तुओं को पाने की बात नहीं कर रहे बल्कि अपनी क्षमताओं

को उद्घाटित करने की बात कर रहे हैं। यहाँ आत्मिक शक्ति, दृढ़ इच्छा शक्ति के विकास की बात की जा रही है।

एक सच्ची घटना है, एक व्यक्ति का बहुत गंभीर एक्सीडेंट हो गया और उससे उसके शरीर में कई जगह फ्रैक्चर हुए। उसकी रीढ़ की हड्डी और पैरों में ही कई फ्रैक्चर थे। डॉक्टर ने साफ मना कर दिया था कि यह व्यक्ति जीवनभर अपने पैरों पर नहीं चल पाएगा परंतु उस व्यक्ति पर डॉक्टर की बातों का जरा भी प्रभाव नहीं पड़ा। उसने अपने मन में बिठा लिया था कि वह एक दिन अपने पैरों पर चलकर इस अस्पताल से बाहर जाएगा। वह मन ही मन हर समय खुद को अपने पैरों पर चलता हुआ देखा करता था। बस यही दृश्य उसके मन में घूमता रहता कि वह अपने पैरों पर चलकर अस्पताल से बाहर जा रहा है। उसके स्वास्थ्य में कुछ ही महीनों में आश्चर्यजनक सुधार हुआ। जब उसे अस्पताल से छुट्टी मिली तो वह सबको चकित करता हुआ अपने पैरों पर चलकर ही अस्पताल से बाहर गया। दुनिया क्या सोचती है यह मायने नहीं रखता, मायने यह रखता है कि हम अपने विषय में क्या सोचते हैं।

हम अपना भविष्य किस रूप में देखना चाहते हैं? क्या हम एक बेहतर इंसान बनना चाहते हैं अथवा आज जो जीवन जी रहे हैं उसी में फँसे रहना चाहते हैं? सुख की मात्र बातें करना, सुख के बारे में मात्र सोचना और सुख को सच में पाना तीनों अलग-अलग स्थितियाँ होती हैं। अगर हम सही मायने में सुख को पाना चाहते हैं, तो अपना जीवन बेहतर बनाने के लिए अवश्य संकल्पित होंगे। हमारा मन हर पल सुख और शांति को पाने के लिए लालायित रहेगा।

हमें इस विषय में सोचकर घबराना नहीं है कि मेरा लक्ष्य तो बहुत ऊंचा है, यह मुझे किस प्रकार प्राप्त होगा? हमें बस उस लक्ष्य के प्रति सच्ची श्रद्धा से पूर्ण समर्पित होना है और ब्रह्माण्ड स्वयं हमारे सामने सारे रास्ते खोलता जाएगा। जब मन से, वचन से, काय से, शरीर के हर अव्यव से, रोम-रोम से, आत्मा के हर प्रदेश से, प्रत्यक्ष से, परोक्ष से, उठते हुए, बैठते हुए, खाते-पीते हुए, सोते हुए, जागते हुए, किसी से बात करते हुए, हर पल बस वही मंजिल

हमें दिखने लगे, हमारी धारणा ऐसी हो जाए जैसे हमने उसे पहले ही पा लिया है, तो हम एक चुंबक की भांति स्वतः ही अपनी मंजिल को अपनी ओर आकर्षित कर लेंगे।

अभ्यास 1

सुख को पाने की इस यात्रा में अपने अवचेतन मन को इस लक्ष्य के प्रति तैयार करें। रात में सोने से पहले अपनी डायरी में लिखें कि आप अपना जीवन किस प्रकार का बनना चाहते हैं। जिन सदभावों को, जिन गुणों को आप अपने भीतर उतारना चाहते हैं उन्हें लिखें। जिस क्षेत्र में आप परिवर्तन चाहते हैं, उससे संबंधित पॉजिटिव अफर्मेशन लिखें। अफर्मेशन या सुझाव वे सकारात्मक वाक्य होते हैं, जिन्हें हम अपने मन में बार-बार दोहराते हैं ताकि वे हमारे अवचेतन मन में गहरे बैठ जाएँ और हमारी सोच और जीवनशैली को प्रभावित कर सकें। इन वाक्यों को वर्तमान काल में इस तरह लिखा और बोला जाता है, मानो वे पहले से ही सच हों।

उदाहरण : अगर आपको बहुत अधिक क्रोध आता है और आप उसे ख़त्म करके अपने भीतर शांति लाना चाहते हैं तो लिखें—"मैं शांत हूँ।" या "मैं सबको सरलता से क्षमा कर देता हूँ।" (आपको यह नहीं लिखना कि "मैं क्रोध नहीं करता हूँ।" क्योंकि इस वाक्य से भी आपका मन क्रोध को अपनी ओर आकर्षित करेगा।) आपको सिर्फ उस सकारात्मक गुण को लिखना है जिसे आप अपनाना चाहते हैं।

फिर स्वयं को उन गुणों के साथ देखें, अपने ध्यान में अपने लिए एक शांत व्यक्तित्व की धारणा बनाएँ। अपना जीवन बेहतर होते हुए देखें।

इन वाक्यों को बार-बार दोहराएँ। आप चाहें तो अपने सपनों से संबंधित तस्वीर अपने मोबाइल की स्क्रीन पर लगा सकते हैं जिससे आपका ध्यान उस ओर कई बार जाएगा। इस प्रकार अपनी पाँचों इन्द्रियों का, अपने मन का, शब्दों का, भावों का प्रयोग करके हम आकर्षण के सिद्धांत से अपने जीवन को बेहतर बना सकते हैं।

अभ्यास 2

घर में अथवा ऑफिस में जिस जगह आपका ध्यान सबसे अधिक जाता है, वहाँ प्रभु की, अपने आदर्श (रोल मॉडल) की तस्वीर लगाएँ और अपने लक्ष्य को एक कागज़ पर लिखकर चिपका दें। इससे जब भी आपकी दृष्टि उस ओर जाएगी तो आपके मन को बार-बार यह निर्देश जाएँगे कि आपको इसी रूप में बनना है या आपको यह पाना है। ऐसा करने से आप अपने लक्ष्य के लिए प्रतिपल सजग रहेंगे।

जीवन में बदलाव लाना सरल है।
मैं बदलने के लिए पूरी तरह तैयार और ग्रहणशील हूँ।
मैं नए विचारों के साथ एक बेहतर जीवन को आकर्षित करता हूँ।
बदलाव की इस यात्रा में ब्रह्मांड मेरे साथ है।
मैं सद्गुणों को अपने भीतर देखता हूँ।

28

अपनी शक्ति पहचानें

मैं कौन हूँ और मेरे भीतर कितनी शक्ति है, यह हमारे जीवन के सबसे महत्त्वपूर्ण प्रश्न होते हैं। यह प्रश्न पैदा होते ही व्यक्ति का जीवन बदले बिना रह नहीं सकता। जब तक हम अपने भीतर मौजूद क्षमता को नहीं पहचानते, तब तक हमारा विकास नहीं हो सकता क्योंकि इसके बिना हमारा पुरुषार्थ कभी भी सही दिशा में नहीं हो सकता।

एक व्यक्ति एक बार राजा की हाथी शाला के पास से गुज़र रहा था। उसने देखा कि सारे हाथी जिससे बंधे हैं वह कोई लोहे की सांकल नहीं बल्कि एक जूट की रस्सी मात्र है। उसे उत्सुकता हुई कि ऐसा कैसे संभव है? वह पास जाकर महावत से पूछता है कि "इतने विशाल हाथियों को क्या मात्र रस्सी से बांधा जा सकता है? क्या तुम्हें डर नहीं लगता? क्या यह हाथी इस रस्सी को नहीं तोड़ सकता?"

महावत कहता है कि "यह सच है कि हाथी बहुत बलशाली होता है, उसके भीतर अपार क्षमता है, वह चाहे तो इस रस्सी को तुरंत तोड़ सकता है परन्तु वह तोड़ेगा नहीं।" व्यक्ति पूछता है, "क्यों नहीं तोड़ेगा?"

महावत कहता है, "जब यह छोटा बच्चा था तो उस समय इसे सांकल से बांधा जाता था और बहुत कोशिश करने पर भी वह उस सांकल को नहीं तोड़

पाता था। धीरे-धीरे वह समझ जाता है कि रस्सी को तोड़ना उसके बस की बात नहीं है और फिर वह कोशिश करना छोड़ देता है।"

व्यक्ति पूछता है कि "यह तो बचपन की बात थी, उस समय शक्ति बहुत कम थी और अब शक्ति बहुत बढ़ गई है, वह अब तो तोड़ सकता है।"

महावत कहता है कि "हाँ, यह सच है कि अब अगर हाथी कोशिश करे तो बहुत आसानी से इस रस्सी को तोड़ सकता है परन्तु अब यह अपनी शक्ति को भूल चुका है और इसी सच को स्वीकारने लगा है कि यह इसके बस की बात नहीं है, इसलिए यह जीवन भर कोशिश ही नहीं करता।" इसी कारण संस्कृत में हाथी के लिए एक नाम दिया है, 'स्तम्भेरमा'। वह स्तंभ से बंधकर जीवन भर उसी के चारों ओर घूमता रहता है और ऐसे ही मर जाता है।

कितनी विचित्र बात है कि एक विशाल हाथी जो बड़े-बड़े मकानों को तहस-नहस करने की क्षमता रखता है, जिसके पास हजारों मनुष्यों का बल है, वह एक महावत के आधीन आ जाता है, मात्र एक रस्सी से बंधकर पूरा जीवन बिता देता है। सोचने की बात है कि क्या हाथी की शक्ति बड़े होने पर समाप्त हो जाती है? नहीं, वह उसके भीतर ही होती है, बस उसने उसका उपयोग करना बंद कर दिया। हाथी जीवन भर अपनी शक्ति नहीं पहचान पाता और हम? दुनिया में अधिकांश लोग अपना जीवन इसी प्रकार जीते हैं वह जीवनभर अपनी क्षमता को नहीं पहचान पाते।

जब हम अपनी शक्ति के अनुसार कार्य नहीं करते तो हमारा अवचेतन मन उसी प्रकार तैयार हो जाता है और फिर वह इसी प्रकार के नकारात्मक विचारों को हम तक पहुँचाता रहता है कि हम कुछ नही कर सकते। इससे धीरे-धीरे हमारा शरीर भी खुद को उसी अनुरूप ढाल लेता है। दुनिया में ऐसे भी डिप्रेशन के रोगी सामने आए जिनके जीवन में कभी कुछ बुरा घटित नहीं हुआ परंतु वह दूसरों को देखकर अवसाद में आ गए और दूसरी तरफ ऐसे कई लोग भी हैं जिन्हें कई साल पहले डॉक्टर ने जवाब दे दिया था पर आज भी वह बहुत अच्छे से जीवन बिता रहे हैं।

जैन शास्त्रों में सुकुमाल मुनिराज का एक बहुत ही प्रसिद्ध उदाहरण सामने आता है। पैदा तो वह वज्र वृषभ नाराच सहनन के साथ हुए थे, परंतु उनकी माँ ने उन्हें इस प्रकार पाला था कि वह अत्यंत कोमल हो गए थे। खीरे को देखकर उन्हें सर्दी-जुकाम हो जाता था, उनकी आँखें सूर्य की किरणों को नहीं देख पाती थीं, मखमल की कालीन के बिना वह जमीन पर नहीं चल सकते थे, भोजन में उन्हें कमल के पुष्पों में सुवासित धान दिया जाता था, यहाँ तक कि उनकी अत्यंत गद्देदार कुर्सी पर एक चावल का दाना होने से, उन्हें बैठने पर वो चुभ जाता था। कहाँ तो इतना कोमल शरीर परंतु जब वे घर छोड़कर वैराग्य मार्ग की ओर बढ़ते हैं और वन की ओर नंगे पांव प्रस्थान करते हैं तो फिर पीछे मुड़कर नहीं देखते। जमीन पर उनके पैरों से निकलते हुए खून के निशान पड़ रहे थे परंतु उन्हें कोई भान नहीं था। जब वह ध्यान में खड़े हुए तो एक स्यालनी उनके खून की गंध को सूंघते हुए अपने तीन बच्चों सहित उनके पास पहुँच जाती है और फिर उनके पैरों को खाना शुरू कर देती है। वह नोच-नोचकर उनका मांस खाती है, मुनिराज के शरीर से रक्त की धारा बहने लगती है परंतु उनके चेहरे पर सिर्फ शांति झलकती है।

तीन दिन तक यही दृश्य रहा, मुनिराज खड़े रहे और स्यालनी अपने बच्चों सहित उनके शरीर का भक्षण करती रही। यह कैसे संभव है? शरीर पहले भी वही था और शरीर इस समय भी वही था। पहले छोटी-छोटी प्रतिकूलताओं से भी उनका शरीर विचलित हो जाता था और आज भीषण उपसर्ग में भी वह शांत खड़े थे। पहले बाहरी वातावरण अच्छा था तब भी उनका मन शांत नहीं था परंतु आज वातावरण पूरा विपरीत है और वह शांत हैं। प्रारंभिक अवस्था के उनके कोमल शरीर जैसा हमारा शरीर कभी हो नहीं सकता और उनके जैसा भीषण उपसर्ग भी हम सहन नहीं कर सकते। प्रश्न उठता है कि उनके भीतर वह शक्ति अचानक कहाँ से आई? यह सब उनके मनोबल का चमत्कार है। शक्ति भीतर ही थी, बस उन्होंने मनोबल से उसे उद्घाटित कर लिया था।

जैन धर्म के अनुसार हर आत्मा के भीतर परमात्मा बनने की शक्ति है। हर आत्मा एक दिन भगवान बन सकती है। प्रभु के दर्शन से हमें यह ज्ञात होता है

कि जो आज हमारा वर्तमान है, वह कभी उनका अतीत रहा था। जब हमारे वर्तमान और प्रभु के अतीत में अधिक अंतर नहीं है तो यह भी संभव है कि जो आज उनका वर्तमान है वह हमारा भविष्य बन जाए, परंतु यह हमारे ऊपर ही निर्भर करता है।

आज का मनुष्य अपनी शक्ति को भूलकर जीवन जी रहा है। हमने अपने आप को कमजोर मान लिया है। हर क्षेत्र में हमारे मन में पहले यह विचार उठ जाते हैं कि मैं नहीं कर सकता, मुझसे नहीं हो पाएगा, यह मेरे बस की बात नहीं है . . . बस ऐसे विचार आते ही हम पहले ही हार जाते हैं। सारा खेल हमारी सोच का है। जब हम खुद को कमजोर मान लेंगे तो हम कमजोर ही बन जाएँगे और जब हम अपनी शक्ति पहचान लेंगे तो हम जो चाहे वह कर लेंगे।

आइए अभ्यास करें (ईमानदारी से दें जवाब)

1. कब-कब आप किसी कार्य के लिए खुद को अयोग्य समझकर पहले ही रिजेक्ट कर देते हैं?
2. क्या आपने कभी अकेले में बैठकर अपने भीतर मौजूद क्षमताओं का चिंतन किया है?
3. क्या कभी ऐसा हुआ है जब आपने महसूस किया हो कि कोई कार्य आपसे नहीं होगा परन्तु जब आपने मेहनत की तो उसे सरलता से पूर्ण कर लिया?
4. क्या आप भीतर से इस बात को स्वीकारते हैं कि आपके भीतर भी भगवान बनने की क्षमता है?

मेरे भीतर अनंत क्षमताएँ मौजूद हैं।
मैं जो सोचता हूँ वह सरलता से कर सकता हूँ।
मेरे भीतर भगवान बनने की शक्ति है।
मैं सबके हित में कार्य करता हूँ।
आकर्षण का सिद्धांत सदैव मेरे हित में काम करता है।

आभार

यह पुस्तक हम सबके जीवन की एक आत्मिक यात्रा का परिणाम है — एक ऐसी यात्रा, जिसमें हर शब्द ने हमें जीवन के नए आयामों को देखने और समझने की दृष्टि प्रदान की।

सबसे पहले, हम परमात्मा के प्रति हृदय से कृतज्ञ हैं, जिनकी अनंत कृपा से हमें यह सौभाग्य प्राप्त हुआ कि हम पूज्य गुरुदेव के जीवनदायी एवं परिवर्तनकारी विचारों को आप सभी तक पहुँचा सके।

हम पूज्य **गुरुवर संत शिरोमणि आचार्य भगवन् श्री १०८ विद्यासागर जी महाराज और पूज्य आचार्य श्री १०८ समय सागर जी महाराज** के प्रति गहन श्रद्धा और आभार व्यक्त करते हैं — गुरुदेव, आपकी कृपादृष्टि हम सबके जीवन में मार्गदर्शन बनकर विराजमान है।

हम विशेष रूप से **पूज्य निर्यापक मुनि श्री १०८ वीर सागर जी महाराज** के प्रति अपनी हृदयपूर्ण कृतज्ञता व्यक्त करते हैं। गुरुदेव, आपने हमें यह सिखाया कि धर्म केवल वाणी में नहीं, बल्कि जीवन के प्रत्येक कर्म में उतरना चाहिए। आपके विचारों की स्पष्टता, आपके आध्यात्मिक दृष्टिकोण और आपके प्रैक्टिकल मार्गदर्शन ने हमारे जीवन को नई दिशा दी। आपकी मौन प्रेरणा ने हमें बार-बार अपने भीतर झाँकने का अवसर दिया, और इसी आत्मचिंतन की गहराई से यह पुस्तक जन्मी।

अल्का सोगानी जी, जयपुर और अंकित जैन जी, आगरा का भी इस पुस्तक के संपादन में विशेष योगदान रहा। हम उनके लिए हृदय से आभारी हैं।

यह पुस्तक उन सभी व्यक्तियों की है, जिन्होंने प्रत्यक्ष या परोक्ष रूप से इस यात्रा को आकार देने में योगदान दिया। हम उन सभी के प्रति हृदय से आभार प्रकट करते हैं।

–गुरु भक्त टीम